U0588573

未成年人权益法律保护系列

未成年人保护法律知识

百问百答

米振荣·主编

王飞　朱铁军　胡煜昂·副主编

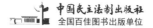

中国民主法制出版社

全国百佳图书出版单位

图书在版编目（CIP）数据

未成年人保护法律知识百问百答/米振荣主编.——
北京：中国民主法制出版社，2021.3
（未成年人权益法律保护系列）
ISBN 978-7-5162-2197-6

Ⅰ.①未⋯ Ⅱ.①米⋯ Ⅲ.①未成年人保护法—中国
—问题解答 Ⅳ.①D922.183.5

中国版本图书馆 CIP 数据核字（2021）第 043334 号

图书出品人：刘海涛
出版统筹：乔先彪
责任编辑：逯卫光

书名/ 未成年人保护法律知识百问百答
作者/ 米振荣 主编

出版·发行/ 中国民主法制出版社
地址/ 北京市丰台区右安门外玉林里 7 号（100069）
电话/（010）63055259（总编室） 63058068 63057714（营销中心）
传真/（010）63055259
http：//www.npcpub.com
E-mail：mzfz@npcpub.com
经销/ 新华书店
开本/ 16 开 710 毫米×1000 毫米
印张/ 12.25 字数/ 171 千字
版本/ 2021 年 3 月第 1 版 2022 年 5 月第 3 次印刷
印刷/ 三河市宏图印务有限公司

书号/ ISBN 978-7-5162-2197-6
定价/ 38.00 元

前　言

　　"少年儿童是祖国的未来，是中华民族的希望。"习近平总书记深刻指出，"全社会都要了解少年儿童、尊重少年儿童、关心少年儿童、服务少年儿童，为少年儿童提供良好社会环境。"

　　2020年10月17日，《中华人民共和国未成年人保护法》经第十三届全国人大常委会第二十二次会议第二次修订表决通过，该法自2021年6月1日起正式实施。修订后的《中华人民共和国未成年人保护法》（本书简称《未成年人保护法》），法律条文从七十二条增至一百三十二条，增加最有利于未成年人原则，确立和完善了家庭监护制度、强制报告制度、侵害人身权益违法犯罪人员信息查询和从业禁止制度、国家监护制度、未成年人网络保护制度、预防和处置校园欺凌制度等，对促进我国未成年人保护事业的发展具有里程碑意义。

　　为了更好地开展《未成年人保护法》宣传工作，营造未成年人更加良好的成长环境，上海市长宁区人民法院和上海市长宁区虹桥街道办事处共同组织编写了《未成年人保护法律知识百问百答》一书。本书聚焦新修订的《未成年人保护法》及相关法律法规、典型案例和最新工作实践，用通俗易懂的语言介绍未成年人保护的相关法律要点。

　　上海市长宁区虹桥街道办事处是全国人大常委会法工委基层立法联系点，上海市长宁区人民法院是上海市人大常委会基层立法联系点。1984年，长宁法院创建我国大陆地区第一个少年刑事案件合议庭。三十多年来，长宁法院不断探索完善有利于未成年人教育、感化、挽救的审判方式、方法和工作机制，形成了未成年人审判的"圆桌会议"、"一二三四五"工作机制和"二情三心四理"工作方法等可复制经验。近年来，上海市长宁区人民法院坚持"儿童利益最大化"工作理念，坚持发展未成年人刑事审判特色工作，积极探索未成年人民事审判创新工作，积极探索适合未成年人参与诉讼、未成年人刑事审判心理辅导、离婚案件中未成年人权益保护工作的制度建设，积累了丰富的工作经验和实践素材。

　　《未成年人保护法》作为未成年人保护领域的综合性法律，着力保障未成年人的各项权利。《未成年人保护法律知识百问百答》一书共八章，第一章为总则，重点回答未成年人为什么需要法律的特殊保护、未成年人依法享有哪些权利、未成年人保护应当坚持什么原则等综合性、基础性、纲要性的问题，进一步明确《未成年人保护法》的立法价值、重要意义；从第二章开始分为家庭保护、学校保护、社会保护、网络保护、政府保护、司法保护和法律责任七个方面，结合审判实践中发现的问题，深度探讨在《未成年人保护法》及相关理论的指引下，司法工作者如何处理案件、解决问题，当好"护苗人"，为未成年人的健康成长营造更好的法治环境。

　　本书既有利于法律工作者梳理未成年人保护相关法律知识要点，也有利于广大普通读者更系统、直观地认识未成年人保护法律规范，增强未成年人保护的法治意识和责任意识，共同建设好、保护好未成年人的成长环境。希望本书能够为促进我国未成年人保护事业的发展尽到绵薄之力。

目　录

第一章 总 则

1. 我国法律对未成年人的定义如何界定?

未成年人是民族的希望所在,是祖国未来的建设者,是中国特色社会主义事业的接班人,未成年人身心健康发展是事关国家、民族兴衰成败的大事。党中央历来重视未成年人的保护工作,党的十九大提出,要以培养担当民族复兴大任的时代新人为着眼点。年青一代有理想、有本领、有担当,国家就有前途,民族就有希望。《未成年人保护法》第二条明确规定,未成年人是指未满十八周岁的公民。这一规定综合考虑了自然人的身体生长发育、心智磨砺过程、国家教育制度体系以及基本国情。

具体而言,我国法律对民事行为能力的年龄界定标准和刑事责任能力的年龄界定标准有所不同。《民法典》第十七条规定,不满十八周岁的自然人为未成年人。成年人为完全民事行为能力人,可以独立实施民事法律行为。十六周岁以上的未成年人,以自己的劳动收入为主要生活来源的,视为完全民事行为能力人。八周岁以上的未成年人为限制民事行为能力人,实施民事法律行为由其法定代理人代理或者经其法定代理人同意、追认,但是,可以独立实施纯获利益的民事法律行为或者与其年龄、智力相适应的民事法律行为。不满八周岁的未成年人为无民事行为能力人,由其法定代理人代理实施民事法律行为。无民事行为能力人、限制民事行为能力人的监护人是其法定代理人。而《刑法》第十七条中规定,已满十六周岁的人犯罪,应当负刑事责任。已满十四周岁不满十六周岁的人,犯故意杀人、故意伤害致人重伤或者死亡、强奸、抢劫、贩卖毒品、放火、爆炸、投放危险物质罪的,应当负刑事责任。对依照《刑法》第十七条前三款规定追究刑事责任的不满十八周岁的人,应当从轻或者减轻处罚。

从生理学角度上讲,未成年人心理发育尚未成熟,不能完全自主地实施法律行为并承担法律后果。国家高度重视未成年人的健康成长与全面发展,从立法层面对未成年人的保护进行了特殊规定。比如:

特殊劳动保护。《劳动法》第十五条明确规定,禁止用人单位招用未满十六周岁的未成年人。文艺、体育和特种工艺单位招用未满十六周岁的未成年人，必须遵守国家有关规定，并保障其接受义务教育的权利。国家对女职工和未成年工实行特殊劳动保护。未成年工是指年满十六周岁未满十八周岁的劳动者。不得安排未成年工从事矿山井下、有毒有害、国家规定的第四级体力劳动强度的劳动和其他禁忌从事的劳动。用人单位应当对未成年工定期进行健康检查。

离婚后子女抚养。《民法典》第一千零八十四条明确规定，父母与子女间的关系，不因父母离婚而消除。离婚后，子女无论由父或者母直接抚养，仍是父母双方的子女。离婚后，父母对于子女仍有抚养、教育、保护的权利和义务。离婚后，不满两周岁的子女，以由母亲直接抚养为原则。已满两周岁的子女，父母双方对抚养问题协议不成的，由人民法院根据双方的具体情况，按照最有利于未成年子女的原则判决。子女已满八周岁的，应当尊重其真实意愿。根据《最高人民法院关于适用〈中华人民共和国民法典〉婚姻家庭编的解释（一）》第四十四条的规定，离婚案件涉及未成年子女抚养的，对不满两周岁的子女，按照民法典第一千零八十四条第三款规定的原则处理。母亲有下列情形之一，父亲请求直接抚养的，人民法院应予支持：（1）患有久治不愈的传染性疾病或者其他严重疾病，子女不宜与其共同生活；（2）有抚养条件不尽抚养义务，而父亲要求子女随其生活；（3）因其他原因，子女确不宜随母亲生活。第四十五条规定，父母双方协议不满两周岁子女由父亲直接抚养，并对子女健康成长无不利影响的，人民法院应予支持。

刑事案件特别规定。未成年人刑事案件，是指被告人实施被指控的犯罪时已满十四周岁不满十八周岁的案件。审理未成年人刑事案件时，应始终实行教育、感化、挽救的方针，坚持"教育为主，惩罚为辅"的原则，综合考虑未成年人对犯罪的认识能力、实施犯罪行为的动机和目的、犯罪时的年龄、是否初犯、偶犯、悔罪表现、个人成长经历和一贯表现等情况，予以从宽处罚。犯罪的时候不满十八周岁的人，不适用死刑。未成年人犯罪只有罪行极其严重的，才可以适用无期徒刑。对已满十四周岁不满十六周岁的人犯罪一般不判处无期徒刑。未成年犯罪嫌疑人、被告人没有委托辩护人的，人民法院、人民检察院、公安机关应当通知法律援助机构指派律师为其提供辩护。

　　根据《最高人民法院关于适用〈中华人民共和国刑事诉讼法〉的解释》第四百六十三条规定，被告人实施被指控的犯罪时不满十八周岁、人民法院立案时不满二十周岁的案件，以及被告人实施被指控的犯罪时不满十八周岁、人民法院立案时不满二十周岁，并被指控为首要分子或者主犯的共同犯罪案件，应当由少年法庭审理。被告人实施被指控的犯罪时不满十八周岁，开庭时已满十八周岁、不满二十周岁的，人民法院开庭时，一般应当通知其近亲属到庭。经法庭同意，近亲属可以发表意见。近亲属无法通知、不能到场或者是共犯的，应当记录在案。审判的时候被告人不满十八周岁的案件，不公开审理。但是，经未成年被告人及其法定代理人同意，未成年被告人所在学校和未成年人保护组织可以派代表到场。犯罪的时候不满十八周岁，被判处五年有期徒刑以下刑罚的，应当对相关犯罪记录予以封存。犯罪记录被封存的，不得向任何单位和个人提供，但司法机关为办案需要或者有关单位根据国家规定进行查询的除外。依法进行查询的单位，应当对被封存的犯罪记录的情况予以保密。

2. 未成年人为什么需要法律的特殊保护？

　　未成年人的身体成长发育情况、心理成熟情况、生活自理能力、文化知识掌握与社会实践经历较之于成年人有着本质的区别。自然人从出生至成年是身体素质与各方面能力的不断积累与提升，这个阶段无法自发自主地完成，需要外界包括家庭、社会、国家的干预与保护。法律对于未成年人权利的倾斜保护，既是社会价值导向，也是公民行为指引。

　　法律对于未成年人的特殊保护主要出于以下几个原因：

　　一是未成年人的身体成长与发育需要。未成年人的父母或者其他监护人应当为未成年人提供基本生活、身体健康等方面的基本保障，促使未成年人拥有健康体魄、习得生活自理能力、发展体育运动项目，使身体机能获得充足发展。这需要监护人提供基本的物质保障与生活起居的切身照料，禁止监护人虐待、遗弃、非法送养未成年人或者对未成年人实施家庭暴力。

　　二是未成年人的心理健康与心智磨砺需要。未成年人与身体自然成长相伴的还有心理的成熟过程，这取决于家庭、学校、社会整个外部成长环境，对于未成年人培养乐观向上、积极主动、诚实坦率、勇敢坚毅的品质，需要正面的价值引导，教育行政部门应当加强未成年人的心理健康教育，建立未成年人心理问题的早期发现和及时干预机制。卫生健康部门应当做好未成年人心理治疗、心理危机干预以及精神障碍早期识别和诊断治疗等工作。此外，国家鼓励创作、出版、制作和传播有利于未成年人健康成长的图书、报刊、电影、广播电视节目、音像制品、电子出版物和网络信息等。

三是未成年人知识掌握和是非判断能力的欠缺。自然人自出生后，就不断经历各方面知识习得的过程，在经过基本的是非观和价值观的教育后，有了自我的判断，这是一个自萌芽不断发展至成熟的阶段，个体之间也存在较大差异。有鉴于此，法律对于不同年龄阶段人群的行为能力作了区分，未成年人或为限制行为能力人或为无行为能力人，若无法完全或者根本不能代表自己作出生效的民事法律行为，则需要监护人代为作出符合未成年人权益的行为。

四是未成年人的自我保护意识和能力欠缺。基于上述因素，未成年人在行使权利和促进自身发展的过程中有较多限制，可能在受到外部的侵害时存在不自知、不知反抗、不敢反抗、无力反抗等情形。一方面，需要预防为主即提高未成年人自我保护的意识和能力；另一方面，事后追责即对于侵害未成年人正当权利的违法犯罪行为法律明文规定并设定较重的处罚。

3. 未成年人依法享有哪些权利？

《未成年人保护法》第三条规定："国家保障未成年人的生存权、发展权、受保护权、参与权等权利。未成年人依法平等地享有各项权利，不因本人及其父母或者其他监护人的民族、种族、性别、户籍、职业、宗教信仰、教育程度、家庭状况、身心健康状况等受到歧视。"

生存权。生存权包括生命权、健康权和医疗保健获得权。我国是《儿童权利公约》的缔约国。公约第六条指出，每个儿童享有固有的生命权。第二十四条主要针对健康权和医疗保健权规定，儿童有权享有可达到的最高标准和健康，并享有医疗康复设施。要求缔约国需要采取如下措施：降低婴幼儿死亡率；向所有儿童提供必要的医疗援助和保健；消除疾病和营养不良现象；保证清洁饮水，考虑环境污染的危害；确保母亲产前产后保健；向社会尤其是父母介绍儿童卫生、保健、母乳喂养、环境卫生、防止意外事故等方面的基本知识。所有未成年人无论何种民族、何种性别、是否残疾等，都有生存的权利。《未成年人保护法》第一百二十九条规定，违反本法规定，侵犯未成年人合法权益，造成人身、财产或者其他损害的，依法承担民事责任。违反本法规定，构成违反治安管理行为的，依法给予治安管理处罚；构成犯罪的，依法追究刑事责任。同时《未成年人保护法》及相关法律，亦对侵犯未成年人的人身权利构成犯罪的、负有抚养义务而拒绝抚养的、溺婴及弃婴等行为都规定了明确的法律责任。

发展权。发展权是指未成年人拥有充分发展其全部体能和智能的权利。发展权利主要指信息权、受教育权、娱乐权、文化与社会生活的参与权、思想和宗教自由、个性发展权等。其主旨是保证未成年人在身体、智力、精神、道德、个性和社会性等诸方面均得到充分的发展。未成年人自身不具备对这样一种发展的明确选择，他们的发展是由养育和教育他的人们所引导和左右的。要想让未成年人成长为一个具有良好社会适应能力，并对社会有用的人才，在他们发展的早期重视发展权是确保教育公平性原则的一个重要前提。《未成年人保护法》第一条规定，为了保护未成年人身心健康，保障未成年人合法权益，促进未成年人德智体美劳全面发展，培养有理想、有道德、有文化、有纪律的社会主义建设者和接班人，培养担当民族复兴大任的时代新人，根据宪法，制定本法。这是对我国未成年人成长的深切关爱与殷切希望。发展权不是指某个单方面的发展权利，更重要的是全面发展的发展权。具体为：（1）未成年人享有通过大众传播媒介获得有利于身心健康的信息的权利；（2）未成年人享有接受教育的权利；（3）未成年人享有娱乐、休闲和游戏的权利；（4）未成年人享有自由参加文化生活和艺术活动的权利；（5）未成年人享有思想、信仰、宗教自由的权利；（6）未成年人有结交朋友、参与社会活动，以利于性格发展的权利；（7）未成年人享有获得充足的有营养的食物，以保证身体健康发育的权利。

受保护权。未成年人受保护权是因未成年人生理、心理、智力发展的特殊性而享有的一项特殊权利。未成年人处于人生最初的发展阶段，尚不具备获得物质基础和完全自主的能力，需要来自社会外界的支持和帮助。《未成年人保护法》第六条规定，保护未成年人，是国家机关、武装力量、政党、人民团体、企业事业单位、社会组织、城乡基层群众性自治组织、未成年人的监护人以及其他成年人的共同责任。国家、社会、学校和家庭应当教育和帮助未成年人维护自身合法权益，增强自我保护的意识和能力。与此同时，当未成年人受到家庭或者社会的侵害时，未成年人缺乏充分的自我保护能力，因此，相较于成年人而言，未成年人需要来自外界的特殊保护。《儿童权利公约》中对儿童应受保护的范围及国家承担的义务有详尽的规定：第一，《儿童权利公约》强调国家对儿童的保护，不因其肤色、性别、语言等因素受到差别对待，而应是儿童平等享有的权利；第二，保护儿童的一切人身权利，禁止对儿童进行身体及性的剥削、虐待、忽视以及遗弃；第三，保护贫困地区儿童得到更多的保护以及世界范围内的人道主义援助。未成年人所应享有的受保护的权利主要包括两个方面：一方面是对所有未成年人均应予以同等保护；另一方面是对困境未成年人的特殊保护，包括因性别、疾病、种族、贫困、犯罪等原因受歧视，或者因家庭、社会等因素陷入危境，例如孤儿、单亲儿童、留守儿童、服刑人员子女、受剥削或虐待儿童等，需要获得更多保护才能维持和促进他们的生存与发展。

参与权。未成年人参与权指未成年人参与家庭、文化和社会生活的权利。《未成年人保护法》第十九条规定，未成年人的父母或者其他监护人应当根据未成年人的年龄和智力发展状况，在作出与未成年人权益有关的决定前，听取未成年人的意见，充分考虑其真实意愿。未成年人通过自由表达来达到对其有关事项的参与，虽然未成年人正处在发展中，但他们仍然是独立的个体，未成年人在表达自己的需要时是最有发言权的，他们有自己的感情和对事物的见解，给予他们适当的支持和尊重，他们将可能作出合理的、负责任的决定。我们也知道，未成年人有非常可贵的诚实的品性、关心和好奇的态度以及丰富的想象力，这些品质意味着他们有一种作出适合自己判断的潜能。我们应当鼓励未成年人参与关于自身的决策，让他们充分发挥自己的潜能，学习做自己的主人。

4. 发现未成年人合法权益受到侵害，哪些部门负有保护责任？如何保护？

保护未成年人，是国家机关、武装力量、政党、人民团体、企业事业单位、社会组织、城乡基层群众性自治组织、未成年人的监护人和其他成年人的共同责任。《未成年人保护法》第十一条规定："任何组织或者个人发现不利于未成年人身心健康或者侵犯未成年人合法权益的情形，都有权劝阻、制止或者向公安、民政、教育等有关部门提出检举、控告。国家机关、居民委员会、村民委员会、密切接触未成年人的单位及其工作人员，在工作中发现未成年人身心健康受到侵害、疑似受到侵害或者面临其他危险情形的，应当立即向公安、民政、教育等有关部门报告。有关部门接到涉及未成年人的检举、控告或者报告，应当依法及时受理、处置，并以适当方式将处理结果告知相关单位和人员。"

未成年人的父母或者其他监护人依法对未成年人承担监护职责，父母或者其他监护人承担第一责任。未成年人的父母或者其他监护人应当依法履行监护职责，学习家庭教育知识，接受家庭教育指导，创造良好、和睦、文明的家庭环境。国家采取措施指导、支持、帮助和监督未成年人的父母或者其他监护人承担监护职责。未成年人的父母或者其他监护人不依法履行监护职责或者严重侵犯被监护的未成年人合法权益的，人民法院可以根据申请依法作出人身安全保护令或者撤销监护人资格。

公安机关依法行使职权，在工作中发现或者收到关于不利于未成年人身心健康或者侵犯未成年人合法权益的情形，应当积极行使执法权，对于轻微的违法行为教育劝阻并督促改正，对于构成犯罪的行为立案侦查并移送检察机关。

目前，人民检察院设立未成年人犯罪专门内设机构，办理涉及未成年人案件，同时开展帮教和预防未成年人犯罪、维护未成年人合法权益活动。未成年人案件在程序上有特殊的要求，比如对未成年人案件要引入社会调查、通知合适成年人到场、心理疏导等要求，要得到家庭监护的支持，要与政府相关部门、群团组织、专业社会服务机构衔接等。检察机关在办理案件的同时，结合工作实际积极预防未成年人犯罪和维护其合法权益，全面落实法定代理人到场制度、合适成年人制度、未成年人犯罪记录封存制度等特色工作。

人民法院应当通过审判权的行使，依法保护未成年人的合法权益。人民法院早在 20 世纪 80 年代即在积极推进未成年人审判机制改革，成立专门审判机构或审判团队，针对性办理涉及未成年人的民事案件或者未成年人犯罪案件。少年司法的理念、原则、制度和程序均与成年人案件不同。各国长期实践及研究数据表明，适用成年人案件的司法体系会让未成年人"交叉感染"，极易使其形成封闭心理和反社会人格，导致再犯，对社会的后续危害极其严重。因此，对涉及未成年人案件的办理必须要有专门机构和专门人员，这样才能采取专业的措施对实施危害社会行为的未成年人予以干预，防止其形成反社会人格，促使其回归社会。人民法院开庭审理涉及未成年人案件，未成年被害人、证人一般不出庭作证；必须出庭的，应当采取保护其隐私的技术手段和心理干预等保护措施。

根据《未成年人保护法》第四十三条规定，居民委员会、村民委员会应当设置专人专岗负责未成年人保护工作，协助政府有关部门宣传未成年人保护方面的法律法规，指导、帮助和监督未成年人的父母或者其他监护人依法履行监护职责，建立留守未成年人、困境未成年人的信息档案并给予关爱帮扶。

共产主义青年团、妇女联合会、工会、残疾人联合会、关心下一代工作委员会、青年联合会、学生联合会、少年先锋队以及其他人民团体、社会组织，应当协助各级人民政府及其有关部门做好未成年人保护工作，维护未成年人合法权益。

5. 未成年人保护应当坚持什么原则，符合哪些要求？

未成年人保护的基本原则是根本性和全局性的精神准则，不仅涉及国际法中的儿童权利保护问题，也决定了国内法中未成年人权利保护法律制度的基本内容和价值取向，对未成年人权利保护的立法、司法及具体的未成年人工作具有普适性、指导性。

未成年人利益最大化原则是未成年人权利保护的核心原则。《未成年人保护法》第四条规定："保护未成年人，应当坚持最有利于未成年人的原则。……"《儿童权利公约》第三条第一款规定："关于儿童的一切行动，不论是由公私社会福利机构、法院、行政当局或立法机构执行，均应以儿童的最大利益为一种首要考虑。"公约第九条关于法院指定儿童与父母分离的条件、第十八条关于父母和其他法定监护人对儿童的养育责任、第二十一条关于儿童收养制度的规定，再次重申了儿童的最大利益。该原则一定程度上是对监护人权利及其他成年人权利设定的一种限制，成年人代替未成年人作出某种决定一定要赋予未成年人最大的利益。

我国法律所规定的未成年人保护坚持最有利于未成年人的原则，既是未成年人保护工作的出发点，也是落脚点，具体要落实以下几个方面的要求：

第一，要给予未成年人特殊、优先保护。相较于成年人来说，未成年人的生理、心理、智力都处于发展阶段，与成年人相比存在较大差距，也不具备获得物质基础和完全自主的能力，因其自身固有的弱势地位而需要特殊保护，体现在监护人应当尽到如下监护责任：为未成年人提供基本生活、身体健康等方面的保障；关注未成年人的生理、心理状况和情感需求；教育和引导未成年人遵纪守法，养成良好的思想品德和行为习惯；对未成年人进行安全教育，采取必要的安全保障措施保护未成年人的人身安全；尊重未成年人受教育的权利，保障适龄未成年人依法接受并完成义务教育；保障未成年人休息、娱乐和体育锻炼的时间，引导未成年人进行有益身心健康的活动；妥善管理和保护未成年人的财产；依法代理未成年人实施民事法律行为；预防和制止未成年人的不良行为和违法犯罪行为，并进行合理管教。

第二，要尊重和保护未成年人人格尊严和隐私。我国《宪法》第三十八条规定，中华人民共和国公民的人格尊严不受侵犯。禁止用任何方法对公民进行侮辱、诽谤和诬告陷害。包括未成年人人格尊严受宪法保护。人格尊严是宪法赋予每个公民的权利，无论年龄大小，人格尊严都一律受到法律的保护。我国《民法典》第九百九十条规定，人格权是民事主体享有的生命权、身体权、健康权、姓名权、名称权、肖像权、名誉权、荣誉权、隐私权等权利。除前款规定的人格权外，自然人享有基于人身自由、人格尊严产生的其他人格权益。第九百九十一条规定，民事主体的人格权受法律保护，任何组织或者个人不得侵害。未成年人年纪虽小，但也有自己的人格尊严，应当尊重其人格尊严和隐私权利。在家长或老师与未成年人沟通过程中，应当耐心细致，注意方式方法，不得随意训斥，尤其是在违反纪律时采取带有侮辱性的方式惩罚他们是不正确的，这样的行为会导致青少年的自尊受到伤害，不利于身心发展。青少年时期，老师是未成年人接触最多的长辈，应当尊重学生的人格尊严，老师对学生的教育过程中，不得歧视学生，不得对学生实施体罚、变相体罚或者其他侮辱人格尊严的行为，不得侵犯学生的合法权益。

第三，要适应未成年人身心发展规律。未成年人的身体和心理发展需要遵循科学规律，因为身体的发育是无法逆转与事后补救的，就日常的生活起居，监护人要给予基本的物质保障、引导规律作息、适量运动以促进未成年人身体的正常发育，同时也要兼顾心理状态的健康成长，这主要在于接受外部新闻媒介的信息引导。任何组织或者个人不得制作、复制、出版、发布、传播含有淫秽、色情、暴力、邪教、迷信、赌博、引诱自杀、恐怖主义、分裂主义、极端主义等危害未成年人身心健康内容的图书、报刊、电影、广播电视节目、音像制品、电子出版物和网络信息等，如包含可能影响未成年人身心健康内容的，应当以显著方式作出适当提示。禁止制作、复制、发布、传播或者持有有关未成年人的淫秽色情物品和网络信息。任何组织或者个人不得刊登、播放、张贴或者散发含有危害未成年人身心健康内容的广告；不得在学校、幼儿园播放、张贴或者散发商业广告。因为未成年人缺乏甄别优劣与判断是非的能力，负面导向的内容不利于未成年人的心理健康发展，所以国家也对此有明确规定。

第四，要听取并尊重未成年人意见。《儿童权利公约》第十二条规定："1. 缔约国应确保有主见能力的儿童有权对影响到其本人的一切事项自由发表自己的意见，对儿童的意见应按照其年龄和成熟程度给以适当的看待。2. 为此目的，儿童特别应有机会在影响到儿童的任何司法和行政诉讼中，以符合国家法律的诉讼规则的方式，直接或通过代表或适当机构陈述意见。"上述规定也体现了尊重未成年人意见原则，体现了对未成年人的全方位及最大化的保护。

第五，要保护和教育相结合。结合习近平总书记关于青少年要"扣好人生第一粒扣子"的重要指示，需要切实加强未成年人的思想道德建设。未成年人处于人生观、价值观、是非观形成的重要阶段，家庭、学校和社会都要实施主动和正向的引导。对未成年人的培养坚持保护和教育相结合，既要避免未成年人受到外界的伤害，也要防止未成年人实施违法犯罪行为。切实加强法治宣传教育，增强未成年人遵纪守法的意识，以《未成年人保护法》和《预防未成年人犯罪法》为依托，使家庭、学校、社会形成合力，充分发挥德育的主渠道功能，预防未成年人的不良行为并重视不良行为的矫治工作。在未成年人理想、信念、人生观、价值观形成的过程中，对可能存在的厌学情绪、文化课基础差、自尊心脆弱以及一些逆反心理的行为，家庭、学校和社会要有一定的包容度，用爱的力量去关心、开导他们，倾听他们的心声，发现他们身上的闪光点，以此来矫治其不良行为，树立未成年人进取的信心。

6. 如何增加未成年人的自我保护意识和能力？

未成年人正处于身心发展的关键时期，心智尚未成熟，社会经验不足，侵犯未成年人合法权益、损害未成年人身心健康的现象时有发生，加强对未成年人的保护迫在眉睫。而在未成年人保护中最重要、最核心的是增强未成年人的自我保护意识和能力，这需要国家、社会、学校和家庭的共同努力。

首先，要教育未成年人明辨是非，学会识别侵害未成年人合法权益的行为。父母是孩子的第一任老师，未成年人的健康成长离不开家长的教育引导。在家庭教育中，要引导孩子从小树立正确的世界观、人生观、价值观，培养孩子明辨是非的能力，让孩子正确地认识什么事情可以做，什么事情不可以做。在学校教育中，要加强对未成年人的法治教育，提升未成年人的法律意识，教导未成年人如何识别侵害权益的行为。比如，身体哪些部位其他人不能碰，什么情况下是遭遇了校园欺凌，发生肢体冲突要及时告知家长、老师，等等。

其次，应当引导未成年人树立自我保护意识。就目前来说，未成年人受到伤害的很大一部分原因就是缺乏自我保护意识，身处危险而不自知，从而容易造成极大的安全隐患。现在独生子女居多，从小就接受积极的正面教育，很少会有安全意识，因此必须着重加强对未成年人自我保护意识的树立，教育其不轻信陌生人，不贪图便宜。比如，独自在家要提高警惕，不给陌生人开门；有陌生人打招呼要尽量远离，拒绝陌生人的无故示好；当陌生人问路，可以为其指路，但一定不能随意为陌生人带路；当陌生人要送零食或玩具时，要经过父母的允许才能接受；在学校和同学相处要注意语言、动作，避免发生语言暴力和肢体冲突。

再次，要让未成年人在遭遇侵害时学会求助。当未成年人遇到侵害和危险时，有时因为自身能力不够、社会经验缺乏等原因，单凭一己之力难以摆脱困境，此时，学会向外界求助尤为重要。未成年人身心发展均未成熟，在遭遇侵害时，可能会选择逃避、忍让，不敢告诉家长或老师，导致侵害人变本加厉，被侵害人处境更加危险，形成恶性循环。在对未成年人进行安全教育时，要鼓励其学会向外界求助，避免独自默默承受伤害。家长和老师要加强与未成年人的沟通交流，随时留意观察生活细节，一旦发现异常情况，比如回家比平时晚、身体不舒服、情绪闷闷不乐、不愿上学、不愿和异性接触等，一定要注意和缓地询问原因，耐心地帮助开解，避免未成年人默默地承受痛苦，也避免伤害持续发生。

此外，要传授未成年人防范抵御侵害的策略技巧。家长在家庭教育中，可以通过共同阅读图书绘本、观看教育片等方式，传授孩子在遭遇危险时的应对技巧。学校要认真开展法治教育活动，通过开设专门的安全教育课程，加强孩子的性教育知识普及，有针对性地教导未成年人如何预防和应对性侵害、性骚扰、校园欺凌等违法行为；通过办板报、手抄报、校刊专栏、校园广播、召开主题班会、举办法治讲座、开展法律知识竞赛、编著通俗的法律教材、开设法治诊所等形式，对未成年人进行法治教育，传授抵御侵害的方法技巧。法院、检察院作为司法保护的重要主体，可以通过开展"公众开放日""青少年法治夏令营"活动、举办"送法进校园""开学法治第一课"主题讲座、制作发放安全教育宣传册、发布典型案例等形式，不断加强对未成年人的普法力度，推动校园安全教育，切实提高未成年人的自我保护意识和能力。

7. 什么是强制报告义务？

强制报告义务，是指国家机关、居民委员会、村民委员会、密切接触未成年人的单位及其工作人员，在工作中发现未成年人身心健康受到侵害、疑似受到侵害或者面临其他危险情形的，应当立即向公安、民政、教育等有关部门报告。

强制报告制度有助于及早发现未成年人遭受侵害的现象，有助于预防案件发生或者避免严重后果。西方很多国家立法明确规定了这种制度，我国早在 2013 年最高人民法院牵头制定的《关于依法惩治性侵害未成年人犯罪的意见》中规定了这一制度，明确规定负有特殊职责的人发现未成年人遭受性侵害的，有义务向司法机关报告。后来，这一制度在《反家庭暴力法》、国务院关于关爱保护留守儿童的政策中都有体现。为进一步推进这一制度的落实，2020 年 5 月，最高人民检察院、国家监察委员会、教育部等九部门联合会签下发的《关于建立侵害未成年人案件强制报告制度的意见（试行）》，明确规定特定职业的从业人员在工作中发现性侵害、虐待、欺凌、遗弃、拐卖等九类未成年人遭受不法侵害情形，应当立即向公安机关报案或举报。

新修订的《未成年人保护法》更是全面确立了这一制度。第十一条规定，任何组织或者个人发现不利于未成年人身心健康或者侵犯未成年人合法权益的情形，都有权劝阻、制止或者向公安、民政、教育等有关部门提出检举、控告。国家机关、居民委员会、村民委员会、密切接触未成年人的单位及其工作人员，在工作中发现未成年人身心健康受到侵害、疑似受到侵害或者面临其他危险情形的，应当立即向公安、民政、教育等有关部门报告。有关部门接到涉及未成年人的检举、控告或者报告，应当依法及时受理、处置，并以适当方式将处理结果告知相关单位和人员。这一制度的确立，有效地缓解了侵害未成年人犯罪案件预防难、发现难、取证难的困难，提高打击犯罪和救助未成年人的效率、效果。

上述规定，明确了具有强制报告义务的责任主体包括两类：第一类是国家机关、法律法规授权行使公权力的各类组织及法律规定的公职人员；第二类是密切接触未成年人行业的各类组织及其从业人员。其中，各类组织是指依法对未成年人负有教育、看护、医疗、救助、监护等特殊职责，或者虽不负有特殊职责但具有密切接触未成年人条件的企事业单位、基层群众自治组织、社会组织，主要包括：居（村）民委员会；中小学校、幼儿园、校外培训机构、未成年人校外活动场所等教育机构及校车服务提供者；托儿所等托育服务机构；医院、妇幼保健院、急救中心、诊所等医疗机构；儿童福利机构、救助管理机构、未成年人救助保护机构、社会工作服务机构；旅店、宾馆等。

要特别说明的是，除了总则当中明确负有报告义务的两类主体以外，《未成年人保护法》还具体规定了其他主体的一些报告义务：（1）在家庭保护部分，规定了父母或其他监护人发现未成年人身心健康受到侵害、疑似受到侵害或者其他合法权益受到侵犯，情况严重的，应当立即向公安、民政、教育等部门报告。（2）在学校保护部分，规定了对严重欺凌行为和性侵害、性骚扰未成年人等违法犯罪行为，学校应当及时向公安机关、教育行政部门报告。（3）在网络保护部分，规定了互联网企业发现用户发布、传播含有危害未成年人身心健康内容信息的，应该向网信、公安等部门报告，发现用户利用网络服务对未成年人实施违法犯罪行为的，应当向公安机关报告。尤其是规定互联网企业的强制报告义务，在当前互联网快速发展的背景下具有重要意义。

强制报告义务具体包括九种情形：（1）未成年人的生殖器官或隐私部位遭受或疑似遭受非正常损伤的；（2）不满十四周岁的女性未成年人遭受或疑似遭受性侵害、怀孕、流产的；（3）十四周岁以上女性未成年人遭受或疑似遭受性侵害所致怀孕、流产的；（4）未成年人身体存在多处损伤、严重营养不良、意识不清，存在或疑似存在受到家庭暴力、欺凌、虐待、殴打或者被人麻醉等情形的；（5）未成年人因自杀、自残、工伤、中毒、被人麻醉、殴打等非正常原因导致伤残、死亡的；（6）未成年人被遗弃或长期处于无人照料状态的；（7）发现未成年人来源不明、失踪或者被拐卖、收买的；（8）发现未成年人被组织乞讨的；（9）其他严重侵害未成年人身心健康的情形或未成年人正在面临不法侵害危险的。

在履行强制报告义务过程中，应当注意及时保留证据。第一，具备先期核实条件的相关单位、机构、组织及人员，可以对未成年人疑似遭受不法侵害的情况进行初步核实，并在报案或举报时将相关材料一并提交公安机关。第二，医疗机构及其从业人员在收治遭受或疑似遭受人身、精神损害的未成年人时，应当保持高度警惕，按规定书写、记录和保存相关病历资料。公安机关在接到报案或举报后，应当立即接受，并初步查明情况，对涉嫌违反治安管理的依法受案审查，涉嫌犯罪的依法立案侦查，并在受案或者立案后 3 日内向报案单位反馈案件进展，在移送审查起诉前告知报案单位。人民检察院认为公安机关应当刑事立案侦查而不立案的，应当依法开展监督。在履职过程中，主管行政机关应当对报案人的信息予以保密。

为保障强制报告义务的有效履行，《未成年人保护法》同时对违反义务的法律责任进行了明确规定。第一百一十七条规定，违反本法第十一条第二款规定，未履行报告义务造成严重后果的，由上级主管部门或者所在单位对直接负责的主管人员和其他直接责任人员依法给予处分。第一百一十八条规定，未成年人的父母或者其他监护人不依法履行监护职责或者侵犯未成年人合法权益的，由其居住地的居民委员会、村民委员会予以劝诫、制止；情节严重的，居民委员会、村民委员会应当及时向公安机关报告。公安机关接到报告或者公安机关、人民检察院、人民法院在办理案件过程中发现未成年人的父母或者其他监护人存在上述情形的，应当予以训诫，并可以责令其接受家庭教育指导。

8. 什么是父母监护义务？

监护权是监护人对于未成年人和精神病人等无民事行为能力人和限制民事行为能力人的人身权益、财产权益所享有的监督、保护的身份权，是对于无民事行为能力和限制民事行为能力的未成年人和成年精神病人的合法权益实施管理和保护的法律资格。

我国《宪法》规定，父母有抚养教育未成年子女的义务，儿童受国家的保护，禁止虐待儿童，国家培养青年、少年、儿童在品德、智力、体质等方面全面发展。《未成年人保护法》第七条规定，未成年人的父母或者其他监护人依法对未成年人承担监护职责。国家采取措施指导、支持、帮助和监督未成年人的父母或者其他监护人履行监护职责。该两项规定包含两层意思：其一，父母对未成年人负有第一责任，履行监护职责是一项《宪法》规定的基本义务；其二，国家对未成年人身心健康和全面发展负有最终责任，当未成年人存在问题时应当采取最有利于未成年人的措施。

父母对未成年的子女负有抚养、教育和保护的义务，主要体现在以下几个方面：学习家庭教育知识，接受家庭教育指导，创造良好、和睦、文明的家庭环境；抚养、照顾被监护人的生活；为未成年人提供安全的家庭生活环境，及时排除引发触电、烫伤、跌落等伤害的安全隐患；采取配备儿童安全座椅、教育未成年人遵守交通规则等措施，防止未成年人受到交通事故的伤害；提高户外安全保护意识，避免未成年人发生溺水、动物伤害等事故；保护被监护人的财产，除为被监护人的利益外，不得处理被监护人的财产；代理被监护人进行民事活动，并对其民事侵权行为承担民事责任；对被监护人进行管理、教育，保障其受教育权；在被监护人的权益受到侵害时，代理被监护人进行诉讼。此外，未成年人的父母或其他监护人发现未成年人身心健康受到侵害、疑似受到侵害或者其他合法权益受到侵犯的，应当及时了解情况并采取保护措施；情况严重的，应当立即向公安、教育、民政等部门报告。未成年人的父母或者其他监护人不得使未满八周岁或者由于身体、心理原因需要特别照顾的未成年人处于无人照料状态，或者将其交由无民事行为能力、限制民事行为能力、患有严重传染性疾病等不适宜的人员代为照护。不得使未满十六周岁的未成年人脱离监护单独生活。若因外出务工等原因在一定期限内不能完全履行监护职责的，应当委托具有照护能力的完全民事行为能力人代为照护，并及时将委托照护情况书面告知未成年人所在学校和实际居住地的居民委员会、村民委员会；与未成年人和被委托人至少每月联系和交流一次，了解未成年人的生活、学习、心理等情况，并给予未成年人亲情关爱。未成年人的父母或者其他监护人应当根据未成年人的年龄和智力发展状况，在作出与未成年人权益有关的决定前，听取未成年人的意见，尊重其真实意愿。

9. 怎么理解国家监护制度？

未成年人较为弱势的社会地位，决定了国家除要向其提供与成年人类似的人权保护外，还须额外提供与其身心发展相符的特殊人权保护。设立未成年人国家监护制度是国际通行做法，《未成年人保护法》中明确提出国家监护概念，将其与家庭监护并列，作为后者必不可少的兜底补充。同时，还明确了具体监护主体，即各级民政部门承担临时或者长期监护职责。该法在政府保护、司法保护、法律责任三章中对此作出了一系列递进性措施安排，形成了以家庭监护为主、国家监护为辅和兜底的具有中国特色的未成年人监护制度体系。首先，国家负有普及和推广家庭教育的职责，让成为父母或者即将成为父母的成年人了解相关知识，掌握必备技巧，为家庭监护打下一个良好的基础。其次，对于能力薄弱、保障不力、功能不足的家庭，国家负有支持家庭监护的职责，提供有针对性的帮扶和服务。再次，发现不履行监护职责或者侵害未成年人权益的，国家应当采取措施予以劝诫、制止，必要时可以责令父母接受家庭教育指导，作出人身保护安全令，判令终止或者撤销监护资格等，即担负起监督家庭监护的职责。此外，国家还负有替代家庭监护的职责。当父母暂时无法履行监护职责或者暂时不适宜担任监护人的，由国家临时监护，待情形消失后再让未成年人回归家庭。当父母确定丧失监护能力或者不再适宜担任监护人且无其他依法具有监护人资格的人，国家进行补位和兜底，在机构内进行养育，符合条件的可以寄养、送养。国家监护制度的构建，将进一步完善未成年人监护制度基本框架，进一步落实对未成年人的宪法性保护，为维护未成年人合法权益、保障未成年人健康成长构筑起一道更为安全的"防火墙"。

第二章　家庭保护

10. 监护人对未成年人有哪些家庭教育义务或家庭教育职责?

家庭教育,广义上指家庭成员之间相互实施的一种教育;狭义上指在家庭生活中由长者对子女及其他年幼者实施的教育和影响。这里一般是指家长(主要包括父母或其他监护人)对子女(主要是未成年子女)进行的教育,主要是家长通过自己的言传身教和家庭生活影响子女的一种社会活动。家庭教育义务或家庭教育职责是指监护人在法律范围内教育未成年人的法定义务或职责。

父母是未成年人的第一任老师,家庭有着学校及社会教育无可替代的角色及作用。《未成年人保护法》第十五条规定:"未成年人的父母或者其他监护人应当学习家庭教育知识,接受家庭教育指导,创造良好、和睦、文明的家庭环境。共同生活的其他成年家庭成员应当协助未成年人的父母或者其他监护人抚养、教育和保护未成年人。"根据《预防未成年人犯罪法》第十六条规定,未成年人的父母或者其他监护人对未成年人的预防犯罪教育负有直接责任。

法律还明确了家庭教育的具体内容,规定家庭对子女的教育主要侧重于法治教育、思想道德教育、生理心理的健康和行为习惯的培养。《教育部关于加强家庭教育工作的指导意见》中明确指出,家长应严格遵循孩子成长规律,为家长进行家庭教育提供了思想指导。家长要全面学习家庭教育知识,系统掌握家庭教育科学理念和方法,增强家庭教育本领,用正确思想、正确方法、正确行动教育引导孩子;家长要尊重孩子的合理需要和个性,创设适合孩子成长的必要条件和生活情境;不断更新家庭教育观念,坚持立德树人导向,以端正的育儿观、成才观、成人观引导孩子逐渐形成正确的世界观、人生观、价值观;不断提高自身素质,重视以身作则和言传身教,要时时处处给孩子做榜样,以自身健康的思想、良好的品行影响和帮助孩子养成好思想、好品格、好习惯;努力拓展家庭教育空间,不断创造家庭教育机会,积极主动与学校沟通孩子情况,支持孩子参加适合的社会实践，推动家庭教育和学校教育、社会教育有机融合。

同时，各级人民政府和基层组织也应主动发挥引导作用，提供专业服务，弥补家庭教育的不足。根据《未成年人保护法》第八十二条、第九十九条之规定，各级人民政府应当将家庭教育指导服务纳入城乡公共服务体系，开展家庭教育知识宣传，鼓励和支持有关人民团体、企业事业单位、社会组织开展家庭教育指导服务。地方人民政府应当培育、引导和规范有关社会组织、社会工作者参与未成年人保护工作，开展家庭教育指导服务，为未成年人的心理辅导、康复救助、监护及收养评估等提供专业服务。

家庭教育作为家长和监护人应尽的义务，未履行监护、教育义务将承担一定的法律后果。《未成年人保护法》第一百零八条第一款规定："未成年人的父母或者其他监护人不依法履行监护职责或者严重侵犯被监护的未成年人合法权益的，人民法院可以根据有关人员或者单位的申请，依法作出人身安全保护令或者撤销监护人资格。"同时，为保障未成年人的经济来源稳定，防止父母或监护人恶意不履行监护职责或侵犯被监护未成年人合法权益的情况发生，第一百零八条第二款规定，被撤销监护人资格的父母或者其他监护人应当依法继续负担抚养费用。

11. 父母如何保障未成年人的受教育权?

受教育权，是公民的基本权利之一，根据《宪法》第四十六条规定，中华人民共和国公民有受教育的权利和义务。国家培养青年、少年、儿童在品德、智力、体质等方面全面发展。国家目前通过全民享受义务教育的方式保障公民最基本的受教育权。根据《教育法》第十九条规定，国家实行九年制义务教育制度。适龄儿童、少年的父母或者其他监护人以及有关社会组织和个人有义务使适龄儿童、少年接受并完成规定年限的义务教育。根据《未成年人保护法》第十六条规定，未成年人的父母或者其他监护人应当履行尊重未成年人受教育的权利，保障适龄未成年人依法接受并完成义务教育的监护职责。

现行法律明确了家庭保障未成年子女受教育权的义务。《宪法》第四十九条指出，父母有抚养、教育未成年子女的义务。《教育法》第五十条规定："未成年人的父母或者其他监护人应当为其未成年子女或者其他被监护人受教育提供必要条件。未成年人的父母或者其他监护人应当配合学校及其他教育机构，对其未成年子女或者其他被监护人进行教育。学校、教师可以对学生家长提供家庭教育指导。"在保障未成年人适龄入学方面，《义务教育法》对未成年人接受义务教育的具体年龄进行了细化规定。该法第十一条规定："凡年满六周岁的儿童，其父母或者其他法定监护人应当送其入学接受并完成义务教育；条件不具备的地区的儿童，可以推迟到七周岁。适龄儿童、少年因身体状况需要延缓入学或者休学的，其父母或者其他法定监护人应当提出申请，由当地乡镇人民政府或者县级人民政府教育行政部门批准。"

为保障未成年人的受教育权，法律还明确了父母或其他法定监护人怠于履行未成年人受教育权的责任。《义务教育法》第五十八条规定："适龄儿童、少年的父母或者其他法定监护人无正当理由未依照本法规定送适龄儿童、少年入学接受义务教育的，由当地乡镇人民政府或者县级人民政府教育行政部门给予批评教育，责令限期改正。"《未成年人保护法》第八十三条第二款规定："对尚未完成义务教育的辍学未成年学生，教育行政部门应当责令父母或者其他监护人将其送入学校接受义务教育。"第一百一十八条规定："未成年人的父母或者其他监护人不依法履行监护职责或者侵犯未成年人合法权益的，由其居住地的居民委员会、村民委员会予以劝诫、制止；情节严重的，居民委员会、村民委员会应当及时向公安机关报告。公安机关接到报告或者公安机关、人民检察院、人民法院在办理案件过程中发现未成年人的父母或者其他监护人存在上述情形的，应当予以训诫，并可以责令其接受家庭教育指导。"

12. 父母作为监护人的具体职责有哪些？

监护人职责是依法履行对被监护人的义务，保护其依法享有的权利。《民法典》第二十六条规定，父母对未成年子女负有抚养、教育和保护的义务。第三十四条规定，监护人的职责是代理被监护人实施民事法律行为，保护被监护人的人身权利、财产权利以及其他合法权益等。监护人依法履行监护职责产生的权利，受法律保护。监护人不履行监护职责或者侵害被监护人合法权益的，应当承担法律责任。监护人可以将监护职责部分或全部地委托给他人。因被监护人的行为需要承担民事责任的，应当由监护人承担，但另有约定的除外；被委托人确有过错的，负连带责任。监护人不履行监护职责或者侵害被监护人的合法权益的，应当承担责任；给被监护人造成财产损失的，应当赔偿损失。

关于监护人的具体职责，《未成年人保护法》第十六条规定："未成年人的父母或者其他监护人应当履行下列监护职责：（一）为未成年人提供生活、健康、安全等方面的保障；（二）关注未成年人的生理、心理状况和情感需求；（三）教育和引导未成年人遵纪守法、勤俭节约，养成良好的思想品德和行为习惯；（四）对未成年人进行安全教育，提高未成年人的自我保护意识和能力；（五）尊重未成年人受教育的权利，保障适龄未成年人依法接受并完成义务教育；（六）保障未成年人休息、娱乐和体育锻炼的时间，引导未成年人进行有益身心健康的活动；（七）妥善管理和保护未成年人的财产；（八）依法代理未成年人实施民事法律行为；（九）预防和制止未成年人的不良行为和违法犯罪行为，并进行合理管教；（十）其他应当履行的监护职责。"第十八条规定："未成年人的父母或者其他监护人应当为未成年人提供安全的家庭生活环境，及时排除引发触电、烫伤、跌落等伤害的安全隐患；采取配备儿童安全座椅、教育未成年人遵守交通规则等措施，防止未成年人受到交通事故的伤害；提高户外安全保护意识，避免未成年人发生溺水、动物伤害等事故。"

同时，法律也对父母怠于履行监护人职责进行了规定。《未成年人保护法》第一百一十八条规定："未成年人的父母或者其他监护人不依法履行监护职责或者侵犯未成年人合法权益的，由其居住地的居民委员会、村民委员会予以劝诫、制止；情节严重的，居民委员会、村民委员会应当及时向公安机关报告。公安机关接到报告或者公安机关、人民检察院、人民法院在办理案件过程中发现未成年人的父母或者其他监护人存在上述情形的，应当予以训诫，并可以责令其接受家庭教育指导。"《预防未成年人犯罪法》第六十一条规定，"公安机关、人民检察院、人民法院在办理案件过程中发现实施严重不良行为的未成年人的父母或者其他监护人不依法履行监护职责的，应当予以训诫，并可以责令其接受家庭教育指导。"

对监护人的禁止性行为，《未成年人保护法》进行了补充完善以及详细列举，第十七条规定："未成年人的父母或者其他监护人不得实施下列行为：（一）虐待、遗弃、非法送养未成年人或者对未成年人实施家庭暴力；（二）放任、教唆或者利用未成年人实施违法犯罪行为；（三）放任、唆使未成年人参与邪教、迷信活动或者接受恐怖主义、分裂主义、极端主义等侵害；（四）放任、唆使未成年人吸烟（含电子烟，下同）、饮酒、赌博、流浪乞讨或者欺凌他人；（五）放任或者迫使应当接受义务教育的未成年人失学、辍学；（六）放任未成年人沉迷网络，接触危害或者可能影响其身心健康的图书、报刊、电影、广播电视节目、音像制品、电子出版物和网络信息等；（七）放任未成年人进入营业性娱乐场所、酒吧、互联网上网服务营业场所等不适宜未成年人活动的场所；（八）允许或者迫使未成年人从事国家规定以外的劳动；（九）允许、迫使未成年人结婚或者为未成年人订立婚约；（十）违法处分、侵吞未成年人的财产或者利用未成年人牟取不正当利益；（十一）其他侵犯未成年人身心健康、财产权益或者不依法履行未成年人保护义务的行为。"

对于父母和其他监护人严重侵害被监护人合法权益的，法律还规定可以撤销其监护人资格。根据《民法典》第三十六条规定，监护人有下列情形之一的，人民法院根据有关个人或者组织的申请，撤销其监护人资格，安排必要的临时监护措施，并按照最有利于被监护人的原则依法指定监护人：（1）实施严重损害被监护人身心健康的行为；（2）怠于履行监护职责，或者无法履行监护职责且拒绝将监护职责部分或者全部委托给他人，导致被监护人处于危困状态；（3）实施严重侵害被监护人合法权益的其他行为。《未成年人保护法》第一百零八条规定："未成年人的父母或者其他监护人不依法履行监护职责或者严重侵犯被监护的未成年人合法权益的，人民法院可以根据有关人员或者单位的申请，依法作出人身安全保护令或者撤销监护人资格。被撤销监护人资格的父母或者其他监护人应当依法继续负担抚养费用。"

13. 父母和监护人不得允许和迫使未满十六周岁未成年人从事法律特别规定以外的劳动，应当如何理解？

父母和监护人不得允许和迫使未满十六周岁未成年人从事法律特别规定以外的劳动，具体包含两层含义：一是未满十六周岁未成年人从事的劳动范围法律有特别规定，父母和监护人不能采取各种手段，允许或者迫使其从事法律特别规定外的劳动；二是未满十六周岁未成年人参加法律规定范围内的劳动，父母或监护人也应当尊重其自身意愿。

首先，国家鼓励从小培养未成年人劳动能力，但反对未成年人长期从事有损于身心健康的劳动。1991 年国务院发布第 81 号令《禁止使用童工规定》（现已失效），首次对童工年龄（未满十六周岁）进行了界定，特殊行业领域必须从小进行系统训练的除外，如文艺领域的舞蹈专业、杂技专业演员，体育领域的跳水、游泳、体操等运动员。《义务教育法》第十四条规定，禁止用人单位招用应当接受义务教育的适龄儿童、少年。根据国家有关规定经批准招收适龄儿童、少年进行文艺、体育等专业训练的社会组织，应当保证所招收的适龄儿童、少年接受义务教育。《未成年人保护法》第六十一条第一款规定，任何组织或者个人不得招用未满十六周岁未成年人，国家另有规定的除外。任何组织或个人不得组织未成年人进行危害其身心健康的表演等活动。经未成年人的父母或其他监护人同意，未成年人参与演出、节目制作等活动，活动组织方应当根据国家有关规定，保障未成年人合法权益。综上，父母和监护人作为未成年人利益的保护者，必须在法律特别的范围内允许未满十六周岁未成年人从事劳动活动。

其次，即使在法律特别规定的文艺、体育、特种工艺等特殊行业领域内，父母或监护人也不能违背其意愿，迫使其从事劳动。《民法典》第三十五条第二款规定，未成年人的监护人履行监护职责，在作出与被监护人利益有关的决定时，应当根据被监护人的年龄和智力状况，尊重被监护人的真实意愿。《未成年人保护法》第十九条规定，未成年人的父母或者其他监护人应当根据未成年人的年龄和智力发展状况，在作出与未成年人利益有关的决定前，听取未成年人的意见，充分考虑其真实意愿。因此，如未满十六周岁未成年人主观上不愿意从事法律特别规定的文艺、体育、特种工艺等活动，父母和监护人也应尊重未满十六周岁未成年人的意愿，不能强迫其劳动。根据现行《禁止使用童工规定》第十一条规定，拐骗童工，强迫童工劳动，使用童工从事高空、井下、放射性、高毒、易燃易爆以及国家规定的第四级体力劳动强度的劳动，使用不满十四周岁的童工，或者造成童工死亡或者严重伤残的，依照刑法关于拐卖儿童罪、强迫劳动罪或者其他罪的规定，依法追究刑事责任。《刑法》第二百四十四条第一款规定，以暴力、威胁或者限制人身自由的方法强迫他人劳动的，处三年以下有期徒刑或者拘役，并处罚金；情节严重的，处三年以上十年以下有期徒刑，并处罚金。

司法实务中，尽管极少有未成年子女直接起诉父母强迫其长期从事劳动的案件，但这并不能掩盖互联网上暴露的很多现实例子。2019年

4 月，年仅三周岁的童模妞妞因不愿拍摄某品牌服装照片被其母亲踢拽的视频在网络上曝光，引发全社会对童模的关注，受到舆论的一致谴责。未成年人的世界观、人生观尚在培养期，维护未成年人的合法权益，才能真正地守护好每一位未成年人的身心健康，使其茁壮成长。

14. 监护人如何保护未成年人的财产权益？

财产权益包括权利和利益。古罗马早期的自然经济社会一直遵循"家属所得的财物全部归家长"的古老原则，即家庭成员共同劳动，共同生活，家庭财产集中归家长所有、管理，家属没有私产。我国古代社会则有"子妇无私货，无私畜，无私器，不敢私假，不敢私与"之礼制要求，也禁止未成年人拥有私有财产。现代各国立法都明确赋予了未成年人财产权。保护未成年人的财产权益，就是保障他们的生存权、发展权。

党的十八大以来，中央采取一系列政策措施和实际行动，在青少年权益保护工作方面落实"特殊保护，优先保护，全面保护"的理念。作为监护人首先要更新独立财产观念。中国社会经过几十年特别是近 20 年的发展和财富积累，未成年人的财产数量和形式日益丰富。有的有表演天赋经常参加演出；有的比赛获得了奖金收入；有的文学造诣高，写书、写文章正式出版或发表获得了版权与稿费；还有的未成年人天生酷爱科学，通过科技发明而取得了专利。由知识产权带来的收入归谁呢？这些通过与自己年龄、智力相适应的劳动，获得的劳务报酬收入都应归未成年人所有。又如未成年人继承、接受赠与财产。关于赠与的财产，不仅包含未成年人逢年过节时获赠的钱款、实物，也包含父母、长辈等将未出资的未成年人直接登记在权利证书、凭证上，还包括父母离婚协议或解除同居纠纷中协商一致将房屋部分或全部产权份额赠与其子女。根据《民法典》第十九条规定，八周岁以上未成年人可以独立实施纯获利益的民事法律行为或者与其年龄、智力相适应的民事法律行为。监护人在日常生活中有意识地区分自己与未成年人的财产，比如列好清单、做好收支登记等，潜移默化中传递独立财产观念，有助于从小培养未成年人建立起独立的人格和责任担当的优良品质。

《民法典》第三十五条规定，监护人应当按照最有利于被监护人的原则履行监护职责。《未成年人保护法》第四条规定，保护未成年人，应当坚持最有利于未成年人的原则。"最有利于未成年人的原则"也是监护人监管财产根本性原则，落实这一根本原则主要体现在：

一是不得主动侵犯被监护人的财产权益。根据《未成年人保护法》第十七条第十项规定，未成年人的父母或者其他监护人不得实施违法处分、侵吞未成年人的财产或者利用未成年人牟取不正当利益。同时还规定了侵犯未成年人财产权益的法律后果，即第一百零八条规定，未成年人的父母或者其他监护人不依法履行监护职责或者严重侵犯被监护的未成年人合法权益的，人民法院可以根据有关人员或者单位的申请，依法作出人身安全保护令或者撤销监护人资格。被撤销监护人资格的父母或者其他监护人应当依法继续负担抚养费用。第一百二十九条规定，违反本法规定，侵犯未成年人合法权益，造成人身、财产或者其他损害的，依法承担民事责任。违反本法规定，构成违反治安管理行为的，依法给予治安管理处罚；构成犯罪的，依法追究刑事责任。

二是妥善管理与支配监护人的财产。根据《未成年人保护法》第十六条第七项规定，未成年人的父母或者其他监护人应当履行妥善管理和保护未成年人的财产之职责。目前，法律法规就监护人对未成年人财产的保管方式未作出具体规定，未成年人的钱款，如高风险理财产品投资，常常伴随高风险，一旦遭遇失败，财产不仅无法保值增值，反而出现巨额亏损；而如果持有现金保管，则使得该财产处于随时被挪用、侵占或混同在成年人的财产中。相较而言，普通家庭采用定期储蓄存款以获取法定孳息为主要保管方式，一般以3—5年为宜，既能确保未成年人财产的安全性，又能尽可能使未成年人财产保值增值。而对于其他权利凭证如房产证等的处分，应遵循《民法典》第三十五条第一款中，监护人除为维护被监护人利益外，不得处分被监护人的财产之规定。

三是应当尊重未成年人自身意愿。《民法典》第三十五条第二款规定，未成年人的监护人履行监护职责，在作出与被监护人利益有关的决定时，应当根据被监护人的年龄和智力状况，尊重被监护人的真实意愿。《未成年人保护法》第四条第五项也规定，在处理未成年人事项时，应当听取未成年人的意见。据此，未成年人的监护人在作出与未成年人的利益有关的决定时，应当征求未成年人自己的意见后，再根据未成年人的年龄、社会经验、认知能力和判断能力的探索，尊重被监护人的真实意愿。

四是坚持特殊与优先保护。根据《未成年人保护法》第四条第一项规定，处理涉及未成年人事项，应当给予未成年人特殊、优先保护。《民法典》第一千一百三十条第二款规定，对生活有特殊困难又缺乏劳动能力的继承人，分配遗产时，应当予以照顾。继承权是所有自然人民事主体所享有的一项基本权利。《未成年人保护法》第一百零七条第一款规定，人民法院审理继承案件，应当依法保护未成年人的继承权和受遗赠权。根据《民法典》第一千一百二十四条的规定，继承开始后，遗产处理前，继承人可以书面形式作出放弃继承的表示。但依据"特殊保护"的原则，司法实践中法院普遍不会准许监护人代表未成年人作出放弃继承的意思表示，除非继承财产有损于未成年人的其他权益。

15. 作为父母，发现未成年人偷刷银行卡、支付宝打赏网络主播，应该怎么办？

未成年人偷刷银行卡、支付宝打赏网络主播，是指未成年人未经父母或其他监护人的许可，在父母或其他监护人不知情的情况下，以父母或其他监护人的名义、身份信息注册开通网络直播平台，使用父母或其他监护人的银行卡、支付宝等支付工具在网络平台充值、打赏网络主播。

《2019 年全国未成年人互联网使用情况研究报告》显示，中国未成年网民已达 1.75 亿。2020 年因新冠病毒疫情影响，全国大中小学推迟开学，防疫期间有 2.65 亿在校生普遍转向线上课程，线上娱乐更是成为许多宅在家中未成年人的主要娱乐方式。截至 2020 年 3 月，中国网络直播用户规模达 5.6 亿，网络游戏用户规模达 5.32 亿。因此，作为父母，发现上述情况，不宜一味责备未成年人，想办法既要解决退款问题，也要从根本上杜绝此类事情的发生。

首先，要了解法律及时主张。父母先向未成年人详细了解下载软件、注册账户、充值送礼物以及使用手机等情况，并第一时间联系平台公司协商解决。平台如不能协商解决，可以通过向法院提起诉讼解决。针对未成年人打赏问题，2020 年 5 月最高人民法院在《关于依法妥善审理涉新冠肺炎疫情民事案件若干问题的指导意见（二）》第九条给出如下指导意见，即"限制民事行为能力人未经其监护人同意，参与网络付费游戏或者网络直播平台'打赏'等方式支出与其年龄、智力不相适应的款项，监护人请求网络服务提供者返还该款项的，人民法院应予支持。"应该说，只要能够证明参与网络付费游戏或者网络直播平台"打赏"的主体确为限制民事行为能力的人,客观上其支付的游戏或打赏款项又与其年龄、智力不相适应,且主观上该行为没有征得监护人的同意,款项最终都能被追回。至于无民事行为能力的未成年人,根据《民法典》第二十条规定,不满八周岁的未成年人为无民事行为能力人,由其法定代理人代理实施民事法律行为。只要能证明实施付费、"打赏"行为主体是无民事行为能力人,监护人不认可的情况下,可以被直接认定为无效民事法律行为,平台公司应退还款项。同时,父母及其他监护人不能觉得有了指导意见,就放松对家里未成年人的监护和管教。这里列举一起案件,以引起父母们的注意。郑某(系国外在读的未成年人)使用其母亲认证的账户在1年多的时间内充值虚拟币863笔,共计价值52万余元。其中短短2个月左右内,郑某消费支出38万余元,一天最高消费超5万元。本案中虽然实施打赏行为的主体确为未成年人,但其母亲作为法定监护人,面对自己账户内子女发生的多笔、持续、大额、不合常理的财务支出,采取了长期放任态度,对其女儿高额的网络消费没有尽到监管责任,已经构成对子女交易行为的默认,因而不宜以限制民事行为能力人、法定代理人未予追认为由而认定为无效行为要求退还费用。

其次,要强化自身监护职责。未成年人能有机会实施网络付费游戏或者网络直播平台"打赏",一个重要因素在于家长在生活中对自己的身份信息、银行账号、密码保管不当以及日常监管不到位。对此,《未成年人保护法》也提出了详细的操作要求,第七十一条规定,未成年人的父母或者其他监护人应当提高网络素养、规范自身使用网络的行为,加强对未成年人使用网络行为的引导和监督。未成年人的父母或者其他监护人应当通过在智能终端产品上安装未成年人网络保护软件、选择适合未成年人的服务模式和管理功能等方式,避免未成年人接触危害或者可能影响其身心健康的网络信息,合理安排未成年人使用网络的时间,有效预防未成年人沉迷网络。

再次,要开展家庭教育防止沉迷网络。《未成年人保护法》第十五条第一款规定,未成年人的父母或者其他监护人应当学习家庭教育知识,接受家庭教育指导,创造良好、和睦、文明的家庭环境。根据第十七条第六项规定,未成年人的父母或者其他监护人不得放任未成年人沉迷网络,接触危害或者可能影响其身心健康的图书、报刊、电影、广播电视节目、音像制品、电子出版物和网络信息等。因此，父母或其他监护人要适时开展家庭教育，为未成年人创造良好的家庭生活、娱乐环境，减少其主动接触网络时间，从而避免其长期沉迷网络；在未成年人观看网络内容时能给予从旁陪伴、帮助未成年人分辨是非，及时远离影响未成年人身心健康的内容。

此外，《未成年人保护法》第十四条、第七十五条、第七十六条，对网络产品和服务提供者提供的网络服务内容、服务对象、服务措施、服务时间等提出了更高、更详细的要求。相信通过政府及网络产品和服务提供者在制度与措施上严格落实、家庭监护的合力，未成年人在父母或监护人不知情下"打赏"的情况将越来越少。

16. 为什么需要委托监护，如何保护留守儿童的合法权益？

委托监护，是指拥有法定监护职责的法定监护人，在特定情况下，将监护义务与职责临时或一段期间内委托给具有监护能力的非法定监护人。因此，委托监护是指拥有法定监护职责的人，在特定情况下，将监护义务与职责临时或一段期间内委托给具有监护能力的非法定监护人。委托监护可分为全权委任和限权委托。前者如父母把子女委托给祖父母、外祖父母、亲属全权照料，或者配偶把精神病人委托精神病医院或者福利院全权照料；后者如委托给保姆、托儿所、幼儿园、学校、医院、国外求学寄宿家庭等。需要特别指出的是，委托监护只转移监护职责，不转移监护资格，即便监护人将监护职责转移至受托人，其仍为监护人。因而当被监护人的侵权行为造成他人人身、财产利益受损时，除非特别约定，否则，仍由监护人承担责任。

在以往所有的委托监护中，留守儿童的监护与生存状态是近年来备受关注的话题。根据权威调查，目前全国留守未成年人已经超过5800万人，其中87%集中在农村地区。事实上的监护模式可分为四类：父母一方监护抚养、隔代监护、其他亲属监护抚养、自我监护（无人监护）。其中，隔代监护状态占到了89.3%，然而隔代祖辈因年纪大、精力有限、普遍文化水平低、思想保守，生活中除了吃饱穿暖外，基本难以承担对留守孙辈的监护教育之责。

根据《未成年人保护法》第二十二条规定，未成年人的父母或者其他监护人因外出务工等原因在一定期限内不能完全履行监护职责的，应当委托具有照护能力的完全民事行为能力人代为照护；无正当理由的，不得委托他人代为照护。未成年人的父母或者其他监护人在确定被委托人时，应当综合考虑其道德品质、家庭状况、身心健康状况、与未成年人生活情感上的联系等情况，并听取有表达意愿能力未成年人的意见。具有下列情形之一的，不得作为被委托人：（1）曾实施性侵害、虐待、遗弃、拐卖、暴力伤害等违法犯罪行为；（2）有吸毒、酗酒、赌博等恶习；（3）曾拒不履行或者长期怠于履行监护、照护职责；（4）其他不适宜担任被委托人的情形。该条规定不仅对委托照护的前提作出了要求，同时对被委托人的选任提出了多方面的要求，同时还尊重了未成年人自己的意见。

《未成年人保护法》第二十二条规定中将"代为监护"修订为"代为照护"，一字之改，体现立法者在未成年人委托监护态度上的微妙变化——委托监护不能一托了之。因为父母对子女的监护抚养，不仅包括物质层面，更重要的是精神、心理层面的交流。以往外出务工的父母与留守未成年人的见面频率都很低，一年只见上两三次。随着我国互联网技术快速发展和电子通信工具普及，《未成年人保护法》顺应时代发展，在第二十三条作出规定，根据该条规定，未成年人的父母或者其他监护人与未成年人、被委托人至少每周联系和交流一次，了解未成年人的生活、学习、心理等情况，并给予未成年人亲情关爱。外出务工的父母们要充分运用网络、微信、视频电话等媒介，增加沟通频次和内容，在经济条件许可时增加回乡次数，以弥补委托照护的不足，让留守未成年人感受双份的爱。

17. 如何提高监护人的家庭教育能力？

根据《未成年人保护法》第十五条规定，未成年人的父母或者其他监护人应当学习家庭教育知识，接受家庭教育指导，正确履行监护职责，抚养教育未成年人。陪伴孩子成长的家长、监护人是孩子的第一任教师，家庭教育也是开始时间最早、持续时间最长、影响最为深远的教育形式，是为孩子即将开启的人生扣好"第一粒扣子"。家长家庭教育素养直接关系到家庭教育质量的高低，并对未成年孩子健康成长产生直接影响，进而影响其一生的进程。因此，提升家长家庭教育素养，可以全面提升家长综合教育水平。

一是依法履行家庭教育职责。家庭教育是《未成年人保护法》为未成年人的父母或者监护人设定的一项法定义务。部分家长认为，父母、监护人只负责赚钱养活孩子，而教育孩子是学校的责任，这样的观点是错误的。家庭教育是家庭、学校和社会教育中最容易被忽略却是最重要的。因为家庭教育的私人性质，造成了不少未成年人家庭教育的缺失。广大家长要及时了解掌握孩子不同年龄段的表现和成长特点，真正做到因材施教，不断提高家庭教育的针对性，努力把握家庭教育的规律性，切实增强家庭教育的有效性。要杜绝重物质轻精神的家庭教育倾向，很多家长认为只要给孩子提供富裕的物质条件就可以了，对孩子的物质上的要求有求必应，容易使孩子陷入拜物主义和享乐主义，丧失自立自强、吃苦耐劳的良好品德。家长要提升自身修养素质，树立在孩子心目中的威信，随着孩子的成长，视野日益扩大，父母将不再是孩子崇拜的偶像，父母的形象也不再高大。父母要成为孩子的一面"镜子"，要更加注意自己的言行举止，潜移默化地用自己良好的品质感染孩子，用自己强烈的责任感和自强不息的意志熏陶孩子。让孩子感到自己父母是最棒的、值得自己骄傲的。

二是严格遵循孩子成长规律。孩子在不同年龄阶段的心智和性格有不同的特征，家长要根据学生年龄特点和幼儿园、小学、中学阶段特征，把握学龄前儿童、小学生和中学生家庭教育的规律性，明确各个阶段家庭教育的重点内容和要求，这样在引导孩子成长过程中才会事半功倍。监护人需要为孩子创造良好的家庭环境，家庭是孩子接触最早也是最重要的环境，在孩子从出生到升入中学乃至大学才会和家庭分开，父母构成了孩子的主要交往对象。因此，家庭成员尤其是父母一定要为孩子营造良好的家庭氛围，家庭氛围对孩子有着强烈的情感影响。孩子情感遇到冷落，容易造成智力发育迟缓，容易产生焦虑和畏惧；反之，在充满爱的环境中成长的孩子，通常性格开朗、活泼大方。因此，父母要为孩子创造良好的家庭情感氛围。

三是不断提升家庭教育水平。父母是孩子最好的老师。父母的教育水平直接关系到孩子的成长高度，家长要有意识地提高自身的家庭教育水平，全面学习家庭教育知识，互相借鉴优秀的家庭教育方式，不断更新家庭教育观念，不断提高自身素质，重视以身作则和言传身教，努力拓展家庭教育空间，推动家庭教育和学校教育、社会教育有机融合。监护人家庭教育知识的提升分为三个层次：第一个层次，初步认识到学习家庭教育知识的重要性。老话说的"好孩子不用管"是家长对孩子教育的一个误区。无数事实证明，好孩子是教育出来的，家庭教育需要学习和感悟，家长提升自我素质是搞好家庭教育的不二选择。第二个层次，家长只学习具体的教育方法。家长经常问：孩子不爱做作业怎么办？孩子做事磨蹭拖拉怎么办？孩子早晨不爱起床怎么办？当得到答案之后，回去总是照本宣科地执行，虽然大多数情况下会有效果，但往往是治标不治本，按下葫芦浮起瓢，下次还会出现新的问题。第三个层次，能够比较系统地学习家庭教育的理论，形成科学合理、适合自己家庭和孩子情况的家庭教育理念，全面提升自己的知识层次和修养水平。要学会做一个智慧的家长，学会融会贯通，因材施教引导好孩子。作为孩子的监护人，家长要努力提升自己的家庭教育水平和认知能力。

18. 什么是强制亲职教育？

强制亲职教育，是指国家机关依职权启动的，针对因监护失职或失误导致未成年人违法犯罪或者遭受侵害的监护人，以强制执行的方式要求其参加监护义务履行、监护教养技巧和未成年人心理等一系列亲职教育课程，从而改善和提高监护人监护未成年人健康成长的意识和能力，督促与引导其正确履行监护职责。亲职教育在德国称为"双亲教育"，俄罗斯称之为"家长教育"，我国台湾地区学者译为"亲职教育"，其含义为对家长如何成为一个称职的好家长进行的专门化教育。

在正常情况下，父母对于孩子是充满关爱的，也会十分关注孩子的教育，呵护孩子的健康成长。但由于自身素质、社会原因以及传统观念等因素影响，也有少数父母，忘记身为父母应尽的职责，对孩子不管不顾，甚至侵犯未成年人的合法权益。因此，对父母进行"强制亲职教育"十分必要。这是在家长不能尽到妥善抚养照顾子女的情况下，用法律手段强制孩子父母学习如何教育抚养子女的一种方式。

《未成年人保护法》第七条规定："未成年人的父母或者其他监护人依法对未成年人承担监护职责。国家采取措施指导、支持、帮助和监督未成年人的父母或者其他监护人履行监护职责。"可以看到，法律赋予了国家指导帮助未成年人的父母或者其他监护人正确履行监护职责的权力。

强制亲职教育已经走入我国的司法实践，2013 年北京市海淀区人民法院为涉罪未成年人的监护人开设"亲职教育"课堂，此后多省市结合本地情况进行了探索。上海市长宁区人民法院曾受理了这样一起遗弃罪案件：遗弃罪受害人乐乐（化名）的妈妈王某是外地来沪人员，在老家已婚并育有一子，来沪后在一家足浴店内工作。2006年初，她与一名顾客胡某发生了一夜情，并生育了乐乐。随着乐乐逐渐长大，事情最终败露，王某的丈夫与她离了婚。离婚后，王某找到乐乐的生父胡某，要求胡某将乐乐带走抚养。在多次吵闹未果之后，王某一纸诉状将胡某告到了法院，要求变更抚养关系，将乐乐判归胡某抚养。法院经委托司法鉴定机构鉴定，认定胡某是乐乐的亲生父亲，但考虑到胡某及其家庭对乐乐的排斥态度，以及乐乐长期随母亲生活的事实，法院还是判决乐乐随王某生活，由胡某每月向乐乐支付1200元的抚养费，同时补付抚养费96000元。王某对判决结果十分不满，居然将孩子偷偷扔在了法院，乐乐被临时安置在上海市某儿童保护机构。法院不懈寻找了几个月后，找到了王某，劝说她将乐乐接回。然而不久之后，王某因为生活的不如意，又将乐乐遗弃在法院门外，这次她再也没有出现。此后几年，在法院的帮助下，乐乐辗转住过多家福利机构，但渐渐长大的乐乐始终没有得到父母的关爱。2018年8月6日，王某被公安机关抓获，到案后，她对遗弃乐乐的事实供认不讳。本案经检察院提起公诉，诉至法院。法院经审理认为，王某的行为已构成遗弃罪。此时乐乐已年满十二周岁，向法院表达了希望与家人共同生活的意愿。法院综合考虑现实状况、乐乐的真实意愿及王某的悔罪表现，对王某判处有期徒刑三年，缓刑五年，且禁止王某在缓刑考验期间逃避家庭教育指导。几年来，乐乐一直面临着母爱与家庭的缺失，法院以既彰显法律威严又体现法律温情的判决，给了王某应有的惩罚，也给了乐乐应有的温暖。判决之后，法院定期为王某组织亲职教育和心理干预，帮助其从思想到心理上都切实承担起一个母亲的职责。法院之所以采取强制亲职教育的举措，目的是希望被告人在接受学习教育后，深刻反思其作为监护人的职责，积极采取措施修复及改善亲子关系，通过学习树立正确的家庭教育观念，掌握科学的家庭教育方法，提高文明教育的能力，通过实际抚养行为，修补母子感情，抚养乐乐健康成长。此后，王某定期参加法院举办的"为孩子父母学校"（"为孩子父母学校"是1989年8月由上海市长宁区人民法院与区妇联等单位联合创办的，目的在于保护未成年人合法权益，倡导、维护和睦平等的婚姻家庭关系，在调和家庭矛盾、保护未成年人权益方面发挥了重要作用），听取履行监护职责的法律知识、心理知识和沟通技巧等，在接受法院的强制亲职教育一段时间后，王某已经能够给乐乐一个较好的家庭教育了，乐乐也比从前快乐多了，还在学校取得了优异成绩，原先的被遗弃儿童，也渐渐成长为拥有爱和希望的少年。

亲职教育具有很强的专业性。公安机关、检察机关、法院可以依托第三方机构、社工组织的专业力量，吸纳有教育学、心理学、社会学等专业领域的人来具体实施。亲职教育目的是激发家长和孩子重建这个家庭的内驱力，让他们自己重新构建健康的家庭亲情模式。从社会意义上讲，强制亲职教育不仅能够提升父母的监护责任，提高他们教育子女方面的专业化程度，更重要的也是一种法治意义上的提醒和教导。将家庭教育纳入法治层面，让公权力有条件地介入家庭领域，可以更好地维护未成年人合法权益，引导父母科学理性教育孩子，甚至可以对父母进行强制监督，其社会意义深远。

19. 父母离婚时、离婚后如何保护未成年人子女的权益？

《未成年人保护法》第二十四条规定，未成年人的父母离婚时，应当妥善处理未成年子女的抚养、教育、探望、财产等事宜，听取有表达意愿能力未成年人的意见。不得以抢夺、藏匿未成年子女等方式争夺抚养权。未成年人的父母离婚后，不直接抚养未成年子女的一方应当依照协议、人民法院判决或者调解确定的时间和方式，在不影响未成年人学习、生活的情况下探望未成年子女，直接抚养的一方应当配合，但被人民法院依法中止探望权的除外。

抚养权归属。父母离婚后未成年子女随哪一方生活，一般是根据"有利于子女健康成长"的原则进行决定。根据《最高人民法院关于适用〈中华人民共和国民法典〉婚姻家庭编的解释（一）》的规定，具体如下：

一是对不满两周岁的子女，按照民法典第一千零八十四条第三款规定的原则处理。母亲有下列情形之一，父亲请求直接抚养的，人民法院应予支持：（1）患有久治不愈的传染性疾病或者其他严重疾病，子女不宜与其共同生活；（2）有抚养条件不尽抚养义务，而父亲要求子女随其生活；（3）因其他原因，子女确不宜随母亲生活。父母双方协议不满两周岁子女由父亲直接抚养，并对子女健康成长无不利影响的，人民法院应予支持。

二是对两周岁以上未成年的孩子，已满两周岁的未成年子女，父母均要求直接抚养，一方有下列情形之一的，可予优先考虑：（1）已做绝育手术或者因其他原因丧失生育能力；（2）子女随其生活时间较长，改变生活环境对子女健康成长明显不利；（3）无其他子女，而另一方有其他子女；（4）子女随其生活，对子女成长有利，而另一方患有久治不愈的传染性疾病或者其他严重疾病，或者有其他不利于子女身心健康的情形，不宜与子女共同生活。父母抚养子女的条件基本相同，双方均要求直接抚养子女，但子女单独随祖父母或者外祖父母共同生活多年，且祖父母或者外祖父母要求并且有能力帮助子女照顾孙子女或者外孙子女的，可以作为父或者母直接抚养子女的优先条件予以考虑。在有利于保护子女利益的前提下，父母双方协议轮流直接抚养子女的，人民法院应予支持。

三是具有下列情形之一，父母一方要求变更子女抚养关系的，人民法院应予支持：（1）与子女共同生活的一方因患严重疾病或者因伤残无力继续抚养子女；（2）与子女共同生活的一方不尽抚养义务或有虐待子女行为，或者其与子女共同生活对子女身心健康确有不利影响；（3）已满八周岁的子女，愿随另一方生活，该方又有抚养能力；（4）有其他正当理由需要变更。父母双方协议变更子女抚养关系的，人民法院应予支持。具有下列情形之一，子女要求有负担能力的父或者母增加抚养费的，人民法院应予支持：（1）原定抚养费数额不足以维持当地实际生活水平；（2）因子女患病、上学，实际需要已超过原定数额；（3）有其他正当理由应当增加。父母不得因子女变更姓氏而拒付子女抚养费。父或者母擅自将子女姓氏改为继母或继父姓氏而引起纠纷的，应当责令恢复原姓氏。在离婚诉讼期间，双方均拒绝抚养子女的，可以先行裁定暂由一方抚养。对拒不履行或者妨害他人履行生效判决、裁定、调解书中有关子女抚养义务的当事人或者其他人，人民法院可依照民事诉讼法第一百一十一条的规定采取强制措施。

父母离婚后未成年子女的探望权。《民法典》第一千零八十六条规定：离婚后，不直接抚养子女的父或者母，有探望子女的权利，另一方有协助的义务。行使探望权利的方式、时间由当事人协议；协议不成时，由人民法院判决。父或者母探望子女，不利于子女身心健康的，由人民法院依法中止探望；中止的事由消失后，应当恢复探望。探望权的性质是亲权的内容。探望权是法定权利，与直接抚养权同时成立，不存在确权问题。探望权人按照协议或法院判决实施探望时，如果子女对约定或判决的探望时间不同意，探望权人不得强行探望。因为探望权纠纷案件涉及人身问题，如果执行不当，会对子女的身心健康造成严重的伤害。此外，如果子女已满十周岁，对是否进行探望已具备独立思考能力和认知能力，人民法院应当征求子女的意见，如果子女不同意的，不应当强制执行探望权。

父母离婚后未成年子女的财产权保护。离婚时，明确家庭财产的种类、性质和范围，父母分割财产的行为，不能侵犯未成年子女的财产权利，即父母不能协议处分依法归未成年子女所有的财产，否则应承担返还或者赔偿的民事责任。离婚时，父母一方确无经济收入或者下落不明的，应当用其财物折抵未成年子女的抚养费，以利于未成年子女的成长。

第三章　学校保护

20. 什么是学生欺凌?

学生欺凌,是指发生在学生之间,一方蓄意或恶意通过肢体、语言及网络等手段实施欺压、侮辱,造成另一方人身伤害、财产损失或精神损害的行为。发生在学校校园内、学生上学或放学途中、学校的教育活动中,由老师、同学或校外人员,蓄意滥用语言、躯体力量、网络、器械等,针对师生的生理、心理、名誉、权利、财产等实施的达到某种程度的侵害行为,都属于学生欺凌。

学生欺凌对于被欺凌学生通常是身体上和心灵上受到双重创伤,并且容易留下阴影长期难以平复,也使部分受欺凌者发生恶逆变化,由受欺凌者转化为欺凌者或者欺凌者的帮凶。对于目睹欺凌现象的旁观者而言,也往往会因为帮不到受害者而感到内疚、不安,甚至惶恐,或明哲保身以自保,或不自觉地加入欺凌行列。同时,对于欺凌者而言,危害也显而易见,形成欺凌者道德滑坡、人格扭曲,甚至走上犯罪道路,被追究刑事责任。

2018年9月5日,最高人民法院发布了关于学生欺凌司法大数据的专题报告。通过梳理2015年1月1日至2017年12月31日刑事一审审结案件,发现涉嫌刑事犯罪的学生欺凌主要呈现出以下特点:第一,超过半数的学生欺凌案件为故意伤害案件。通过审理案件的类型来看,57.5%的学生欺凌案件为故意伤害案件,占比较高的还有抢劫罪、聚众斗殴罪、寻衅滋事罪、故意杀人罪、强奸罪。第二,学生欺凌案多因琐事而起。报告显示,学生欺凌案件中有55.12%是因为发生口角、小摩擦等琐碎事情而引发;因为满足个人私欲而进行抢劫、敲诈勒索、强迫卖淫、侮辱、强奸等犯罪行为占比18.08%;因感情问题引起欺凌案件占比4.8%;无故滋事占比2.93%。第三,欺凌案件多为无预谋的突发性冲突犯罪。超八成学生欺凌案件为无预谋的突发性冲突,而近七成涉嫌故意杀人犯罪案件为有预谋犯罪。第四,欺凌案件中伤亡情况严重。比如,11.59%的案件中受害人涉及死亡，31.87%的案件中受害人涉及重伤，38.54%的案件中受害人涉及轻伤，27.94%的案件中受害人涉及轻微伤。

21. 未成年学生遭受学生欺凌应该如何应对？

欺凌行为发生时，保持镇定是制胜的关键，要尽量克服心理的恐惧，积极地解决问题或者本能地保护自己。一是遭受语言暴力时，要肯定自己，并勇于回应，及时调整心理，自己无法应对时要及时向家长、老师求助。二是遭受行为暴力时，可以试着通过警示性的语言击退对方，或者通过有策略的谈话和借助环境来使自己摆脱困境，但是不要激怒对方。同时，寻找机会逃跑或向路人呼叫求助，采用异常动作引起周围人注意。如果未能避免遭受暴力，应双手抱头，尽力保护头部，尤其是太阳穴和后脑。在受到人身和财产双重危险时，谨记人身安全永远是第一位的。三是及时报告，依法维权。由于遭受欺凌产生的恐惧和焦虑，一些受害者忍气吞声，不敢把事情告诉家长和老师，也不敢报警，甚至案件侦破后不敢出面作证，导致欺凌行为重复发生。自己或发现他人遭受紧急情况时，一定要在第一时间向家长、老师或警察求助，采取最有效的救助措施。四是应对欺凌行为，要增强五个意识：第一，要有法律意识，学生欺凌是违法行为，不受法律保护；第二，要有自我保护意识；第三，要注意方式方法，力量悬殊的情况下不可盲目冲动；第四，要有见义勇为、见义智为、见义巧为意识，在保护自身安全前提下对他人实施救助；第五，要有报告意识和证据意识，遭受欺凌要及时上报并注意搜集证据。

22. 学校如何防范学生欺凌行为？

校园是欺凌行为发生的主要场所，因此学校如何作为是预防学生欺凌的关键。结合《未成年人保护法》《预防未成年人犯罪法》、2016年11月国务院教育督导委员会办公室印发的《中小学（幼儿园）安全工作专项督导暂行办法》、2017年11月教育部等十一部门印发的《加强中小学生欺凌综合治理方案》等规定，学校防范学生欺凌应注意以下几个方面：

一是加强素质教育。《未成年人保护法》第二十五条第一款明确要求："学校应当全面贯彻国家教育方针，坚持立德树人，实施素质教育，提高教育质量，注重培养未成年学生认知能力、合作能力、创新能力和实践能力，促进未成年学生全面发展。"学校应当教育和帮助未成年人维护自身合法权益，增强自我保护的意识和能力。在课程设置上，要加大对于德育、心理健康的教育，引导学生树立正确的社会价值观，及时排解心理问题。通过定期开展普法专题讲座、座谈、培训、主题班会等方式，或通过校园网、微信公众号、宣传栏等平台加强宣传和教育，让学生了解什么是学生欺凌、学生欺凌的危害，并告知学生如何预防及发生学生欺凌的紧急应对。

二是完善相关规章制度。学校应当建立未成年学生保护工作制度，健全学生行为规范，培养未成年学生遵纪守法的良好行为习惯。学校应当建立安全管理制度，对未成年人进行安全教育，完善安保设施、配备安保人员，保障未成年人在校、在园期间的人身和财产安全。学校应当建立学生欺凌防控制度，对教职员工、学生等开展防治学生欺凌的教育和培训。学校对学生欺凌行为应当立即制止，通知实施欺凌和被欺凌未成年学生的父母或者其他监护人参与欺凌行为的认定和处理；对相关未成年学生及时给予心理辅导、教育和引导；对相关未成年学生的父母或者其他监护人给予必要的家庭教育指导。对实施欺凌的未成年学生，学校应当根据欺凌行为的性质和程度，依法加强管教。对严重的欺凌行为，学校不得隐瞒，应当及时向公安机关、教育行政部门报告，并配合相关部门依法处理。学校要及时制订学生欺凌预防具体实施方案及应急处置方案，指导预防学生欺凌的宣传教育和学生欺凌应急处理与汇报，明确相关部门、相关人员处置学生欺凌的职责，强化责任意识，做到"谁当班谁负责""谁首接谁负责"，杜绝相互推诿、不闻不问甚至听之任之的现象。学校对学生欺凌行为应当及时制止和处理，并通知被欺凌和实施欺凌行为的未成年学生的父母或者监护人，配合有关部门根据欺凌行为性质和严重程度，依法对实施欺凌行为的未成年学生予以教育、矫治或者处罚；对相关未成年学生应当给予及时的心理辅导和教育引导。

三是加大监督规范力度。由于学生欺凌现象发生的时间、地点、对象具有不确定性，并且学校中还存在较多的监控盲点，容易出现监管缺位。学校应该加大监控监管力度，排查校园内存在的监管盲区，向学生公布救助电话，严格控制欺凌现象的发生。学校的走廊、教室、运动场、上学和放学时段的学校大门附近，都是学生容易聚集的地区，要把这些地区作为重点区域，分时段进行区域划分的监管。而对于宿舍、厕所等工作人员罕至的地方，可以安装报警装置或定期进行巡视。受欺凌者一般具有某些不同于其他人的特征，这些特征通常包括种族、肤色、民族、经济或社会地位、外貌以及心理、身体、感知等方面的缺陷、学业能力低下等。具有这些特征的学生，学校要将其作为重点保护对象。

23. 对学生欺凌受害者如何进行保护？

学生欺凌发生后，人们往往更多关注的是对施暴者的惩戒以及围绕施暴者作出完善相关制度与机制的建议，却忽视对于受害者权益的保护。学校、老师、家长等对学生欺凌的危害性认识不足，没有及时地介入、干预，抑或处理的方式不当，导致受害者身心持续受到伤害，受害者可能会因为自己遭遇暴力而变得也暴力起来，把自己曾经遭受的暴力施加于其他人身上，也可能会留下永久的心理伤痕。因此，预防和治理学生欺凌必须维护和保障学生欺凌受害者的合法权益，帮助已经遭受或正在遭受学生欺凌的受害者走出困境。

一是关于社会建立健全学生欺凌受害者保护制度。《未成年人保护法》第四十二条第一款明确规定，"全社会应当树立关心、爱护未成年人的良好风尚。"该法规定，国家机关、居民委员会、村民委员会、密切接触未成年人的单位及其工作人员，在工作中发现未成年人身心健康受到侵害、疑似受到侵害或者面临其他危险情形的，应当立即向公安、民政、教育等有关部门报告。县级以上人民政府应当开通全国统一的未成年人保护热线，及时受理、转介侵犯未成年人合法权益的投诉、举报；鼓励和支持人民团体、企业事业单位、社会组织参与建设未成年人保护服务平台、服务热线、服务站点，提供未成年人保护方面的咨询、帮助。地方人民政府应当培育、引导和规范有关社会组织、社会工作者参与未成年人保护工作，开展家庭教育指导服务，为未成年人的心理辅导、康复救助、监护及收养评估等提供专业服务。相关职能部门之间应协调合作，依法履行职责，保障未成年人合法权益，在受害者遭受欺凌后应尽快介入和干预，报警备案，受害者有伤亡情况的，应立即送医救治。对于未成年人受害者，加强心理疏导，促进受害者的精神康复。公安机关、人民检察院、人民法院和司法行政部门应当确定专门机构或者指定专门人员，负责办理涉及未成年人案件，办理涉及未成年人案件的人员应当经过专门培训，熟悉未成年人身心特点，且应当有女性工作人员。办理涉及未成年人案件，应当考虑未成年人身心特点和健康成长的需要。对需要法律援助或司法救助的未成年人，法律援助机构或者公安机关、人民检察院、人民法院和司法行政部门应当给予帮助，依法为其提供法律援助或者司法救助。公安机关、人民检察院、人民法院应当与其他有关政府部门、人民团体、社会组织互相配合，对遭受性侵害或者暴力伤害的未成年被害人及其家庭实施必要的心理干预、经济救助、法律援助、转学安置等保护措施。

二是学校多举措加强对受害者的保护与疏导。根据《未成年人保护法》第三十九条第一款规定，学校应当建立学生欺凌防控工作制度。第一，制订针对学生欺凌事件应急处置方案。事件发生后，及时介入，调查真相，帮助受害者获得医治和赔偿，对受害者的心理创伤提供专业咨询和指导帮助。第二，加强对受害者进行心理疏导。学校对学生欺凌行为应当立即制止，对相关未成年学生及时给予心理辅导、教育和引导。设立心理咨询工作室，引进心理咨询师为在校学生提供倾诉平台。定期组织教师进行心理学培训，提高对欺凌事件的判断力，增强处理该类事件的能力。第三，完善校园安全保卫系统。对校园重点区域、重点时段进行重点布防，加强巡查。学生欺凌发生事件，安保人员应第一时间赶往现场，制止欺凌行为，为受害者提供有效的救助，保护受害者的权益。

三是家庭对受害者的治愈和开导。未成年人的父母或者其他监护人发现未成年人身心健康受到侵害、疑似受到侵害或者其他合法权益受到侵犯的，应当及时了解情况并采取保护措施；情况严重的应当立即向公安、民政、教育等部门报告。及时与学校、老师取得联系，配合处理好受害者人身与精神损害赔偿以及身心恢复等问题。要善于倾听孩子诉说烦恼，实时关注其情绪、心理和性格的变化，引导孩子正确应对欺凌威胁。要帮助孩子树立对学生欺凌事件零容忍的态度，鼓励孩子向学校、老师以及相关救助机构寻求帮助。父母不能向孩子灌输以暴制暴的思想，要给予孩子足够的温暖和关怀，运用合理合法的方式为其排忧解难。父母在疏导孩子的过程中遇到棘手的问题，可以向社区中的社会工作者沟通请教，共同制订疏导方案，帮助孩子早日走出困境。

24. 对实施欺凌行为的学生如何教育？

学生欺凌发生后，对实施欺凌行为学生的处置应兼顾教育与惩戒，对此，《预防未成年人犯罪法》第四十条规定，公安机关接到举报或者发现未成年人有严重不良行为的，应当及时制止，依法调查处理，并可以责令其父母或者其他监护人消除或者减轻违法后果，采取措施严加管教。根据第四十一条的规定，对有严重不良行为的未成年人，公安机关可以根据具体情况，采取以下矫治教育措施：（1）予以训诫；（2）责令赔礼道歉、赔偿损失；（3）责令具结悔过；（4）责令定期报告活动情况；（5）责令遵守特定的行为规范，不得实施特定行为、接触特定人员或者进入特定场所；（6）责令接受心理辅导、行为矫治；（7）责令参加社会服务活动；（8）责令接受社会观护，由社会组织、有关机构在适当场所对未成年人进行教育、监督和管束；（9）其他适当的矫治教育措施。第四十二条规定，公安机关在对未成年人进行矫治教育时，可以根据需要邀请学校、居民委员会、村民委员会以及社会工作服务机构等社会组织参与。未成年人的父母或者其他监护人应当积极配合矫治教育措施的实施，不得妨碍阻挠或者放任不管。第四十三条规定，对有严重不良行为的未成年人，未成年人的父母或者其他监护人、所在学校无力管教或者管教无效的，可以向教育行政部门提出申请，经专门教育指导委员会评估同意后，由教育行政部门决定送入专门学校接受专门教育。根据第四十四条规定，未成年人有下列情形之一的，经专门教育指导委员会评估同意，教育行政部门会同公安机关可以决定将其送入专门学校接受专门教育：（1）实施严重危害社会的行为，情节恶劣或者造成严重后果；（2）多次实施严重危害社会的行为；（3）拒不接受或者配合本法第四十一条规定的矫治教育措施；（4）法律、行政法规规定的其他情形。第四十五条规定，未成年人实施刑法规定的行为、因不满法定刑事责任年龄不予刑事处罚的，经专门教育指导委员会评估同意，教育行政部门会同公安机关可以决定对其进行专门矫治教育。省级人民政府应当结合本地的实际情况，至少确定一所专门学校按照分校区、分班级等方式设置专门场所，对前款规定的未成年人进行专门矫治教育。前款规定的专门场所实行闭环管理，公安机关、司法行政部门负责未成年人的矫治工作，教育行政部门承担未成年人的教育工作。第四十六条规定，专门学校应当在每个学期适时提请专门教育指导委员会对接受专门教育的未成年学生的情况进行评估。对经评估适合转回普通学校就读的，专门教育指导委员会应当向原决定机关提出书面建议，由原决定机关决定是否将未成年学生转回普通学校就读。原决定机关决定将未成年学生转回普通学校的，其原所在学校不得拒绝接收；因特殊情况，不适宜转回原所在学校的，由教育行政部门安排转学。第四十七条规定，专门学校应当对接受专门教育的未成年人分级分类进行教育和矫治，有针对性地开展道德教育、法治教育、心理健康教育，并根据实际情况进行职业教育；对没有完成义务教育的未成年人，应当保证其继续接受义务教育。专门学校的未成年学生的学籍保留在原学校，符合毕业条件的，原学校应当颁发毕业证书。第四十八条规定，专门学校应当与接受专门教育的未成年人的父母或者其他监护人加强联系，定期向其反馈未成年人的矫治和教育情况，为父母或者其他监护人、亲属等看望未成年人提供便利。

另外，2017 年 11 月教育部等十一部门印发《加强中小学生欺凌综合治理方案》，强调对处置欺凌行为要强化教育惩戒。对经调查认定实施欺凌的学生，学校学生欺凌治理委员会要根据实际情况，制订一定学时的专门教育方案并监督实施欺凌学生按要求接受教育，同时针对欺凌事件的不同情形予以相应惩戒。情节轻微的一般欺凌事件，由学校对实施欺凌学生开展批评、教育。实施欺凌学生应向被欺凌学生当面或书面道歉，取得谅解。对于反复发生的一般欺凌事件，学校在对实施欺凌学生开展批评、教育的同时，可视具体情节和危害程度给予纪律处分。情节比较恶劣、对被欺凌学生身体和心理造成明显伤害的严重欺凌事件，学校对实施欺凌学生开展批评、教育的同时，可邀请公安机关参与警示教育或对实施欺凌学生予以训诫，公安机关根据学校邀请及时安排人员，保证警示教育工作有效开展。学校可视具体情节和危害程度给予实施欺凌学生纪律处分，将其表现记入学生综合素质评价。屡教不改或者情节恶劣的严重欺凌事件，必要时可将实施欺凌学生转送专门（工读）学校进行教育。未成年人送专门（工读）学校进行矫治和接受教育，应当按照《预防未成年人犯罪法》有关规定，对构成严重不良行为的，按专门（工读）学校招生入学程序报有关部门批准。涉及违反治安管理或者涉嫌犯罪的学生欺凌事件，处置以公安机关、人民法院、人民检察院为主。教育行政部门和学校要及时联络公安机关依法处置。各级公安机关、人民法院、人民检察院依法办理学生欺凌犯罪案件，做好相关侦查、审查逮捕、审查起诉、诉讼监督和审判等工作。对有违法犯罪行为的学生，要区别不同情况，责令其父母或者其他监护人严加管教。对依法应承担行政、刑事责任的，要做好个别矫治和分类教育，依法利用拘留所、看守所、未成年犯管教所、社区矫正机构等场所开展必要的教育矫治；对依法不予行政、刑事处罚的学生，学校要给予纪律处分，非义务教育阶段学校可视具体情节和危害程度给予留校察看、勒令退学、开除等处分，必要时可按照有关规定将其送专门（工读）学校。

25. 学校在防范学生性侵害等违法犯罪行为方面应当有何作为？

学校不仅是传授知识、培养人才的重要场所，更是进行法治教育的基地。对此，《预防未成年人犯罪法》第十五条规定，国家、社会、学校和家庭应当对未成年人加强社会主义核心价值观教育，开展预防犯罪教育，增强未成年人的法治观念，使未成年人树立遵纪守法和防范违法犯罪的意识，提高自我管控能力。

第一，建立预防性侵害、性骚扰未成年人工作制度。针对未成年人性侵害及性骚扰案件，《未成年人保护法》第四十条规定，学校、幼儿园应当建立预防性侵害、性骚扰未成年人工作制度。对性侵害、性骚扰未成年人等违法犯罪行为，学校、幼儿园不得隐瞒，应当及时向公安机关、教育行政部门报告，并配合相关部门依法处理。学校、幼儿园应当对未成年人开展适合其年龄的性教育，提高未成年人防范性侵害、性骚扰的自我保护意识和能力。对遭受性侵害、性骚扰的未成年人，学校、幼儿园应当及时采取相关的保护措施。

第二，加强预防犯罪教育，增强法治观念。根据《预防未成年人犯罪法》第十七条规定，教育行政部门、学校应当将预防犯罪教育纳入学校教学计划，指导教职员工结合未成年人的特点，采取多种方式对未成年学生进行有针对性的预防犯罪教育。为此，学校应将预防学生犯罪作为教学重点，针对校园中易发的违法犯罪，坚持法治教育进课时、进教材、进课堂，通过教学让学生了解罪与罚，并加强自我防范意识。另外，《预防未成年人犯罪法》第二十二条第一款规定，教育行政部门、学校应当通过举办讲座、座谈、培训等活动，介绍科学合理的教育方法，指导教职员工、未成年学生的父母或者其他监护人有效预防未成年人犯罪。

第三，加强教师法治教育，提升教师法治意识。教师是预防学生犯罪的关键因素，是提高学生法律素质、预防和减少学生犯罪、造就青少年健康成长的法治环境的重要抓手。但部分教师法律知识贫乏，法治观念不强，普法教育流于形式，务虚不务实。《预防未成年人犯罪法》第十八条规定，学校应当聘任从事法治教育的专职或者兼职教师，并可以从司法和执法机关、法学教育和法律服务机构等单位聘请法治副校长、校外法治辅导员。为此，学校要充分认识到加强教师普法工作的重要性，严格按照全国教育系统"五五"普法规划的要求，紧密联系教师工作和生活实际，做到教师自学与集中培训相结合，组织教师系统学习、掌握基本法律知识。同时，加强与所在地司法行政部门、司法机构密切合作，把法律知识的学习与案例分析、观摩法庭审理等形式结合起来。

第四，推进学校教育与家庭教育相结合。为预防未成年人犯罪，很多学校针对学生具体情况开展了多种形式的教育活动，但实践中也出现学校的教育与家庭教育不合拍的情况，部分活动并未得到学生家庭的支持，以致不能形成合力。原因就在于学生父母或其他监护人对学校的教育计划不够了解，难以配合学校开展预防工作，当然也有部分父母或其他监护人认为教育是学校的责任，忽视了与学校教育的配合。为此，《预防未成年人犯罪法》第二十二条第二款规定，学校应当将预防犯罪教育计划告知未成年学生的父母或者其他监护人。未成年学生的父母或者其他监护人应当配合学校对未成年学生进行有针对性的预防犯罪教育。该要求主要是让学生的父母或其他监护人及时了解学校开展预防犯罪教育的内容和情况，以便配合学校开展教育。学校不仅要告知预防犯罪教育的总体计划，在进行重要活动前后都应向学生父母或其他监护人通告情况，以取得家庭方面的支持。只有学校教育与家庭教育加强联系、紧密配合，才能使预防未成年人犯罪教育工作更具有针对性，取得更好的效果。

26. 面对辍学学生，学校应该怎么做？

《未成年人保护法》第二十八条规定："学校应当保障未成年学生受教育的权利，不得违反国家规定开除、变相开除未成年学生。学校应当对尚未完成义务教育的辍学未成年学生进行登记并劝返复学；劝返无效的，应当及时向教育行政部门书面报告。"《义务教育法》第三章规定了学校保障适龄未成年学生完成九年义务教育的相关义务。

学校首先要切实保障未成年学生到校接受九年义务教育，密切关注适龄未成年学生的入学情况，一旦发现有辍学现象，应当派专人进行家庭走访，了解辍学原因。为了能够准确了解未成年学生的辍学原因，便于对症下药，学校可以用"望、闻、问"的方式开展未成年学生辍学原因的调查工作；"望"是指观察，细心地观察有助于了解学生的问题所在，并发现闪光点，及时树立孩子的读书信心，经过对学生穿着、谈吐等外在表现可以了解学生近期的心理活动和生活状况；"闻"就是听，要通过多个群体，比如孩子的班主任、关系不错的同学、学生父母以及街坊邻居了解学生及学生家庭的近况，了解学生的爱好特长、性格特征、生活习惯以及父母的想法和家庭的实际情况；"问"是指多和辍学学生谈心，有助于直接地了解学生的真实想法，有些学生比较内向，不愿意和老师、同学、家长进行谈心，通过直接地交谈有助于精准帮扶。

当了解到辍学学生的辍学原因之后可以有的放矢、对症下药，针对不同情况采取不同措施。针对未成年父母观念落后，认为读书无用，不如早点让孩子打工挣钱的情况，应该晓之以理，动之以情。首先，明确告诉家长受教育权是《宪法》赋予每一位公民的权利，《义务教育法》已经明确规定要保障每一个未成年人接受九年义务教育，九年义务教育既是权利也是义务，不让孩子接受九年义务教育的行为是违背《宪法》和法律的；其次，学校应该多做家长思想工作，打消家长"读书无用论"的观念，给家长讲清楚"扶贫先扶智"的脱贫规律，不能只顾眼前利益，应该将眼光放长远一点，接受教育能够让孩子拥有更广阔的视野，了解更多的知识，对孩子自身、家庭和社会从长远看都是有利的；最后，如果学校劝说无效，可以通过国家司法权力的介入，在个别地方已经出现学校将孩子监护人告上法庭的案例，通过司法权力保障未成年人接受义务教育。

针对未成年学生家庭经济困难导致的辍学，学校应该积极配合相关政府部门对辍学学生建立信息档案，争取经济上的帮扶，减轻辍学学生家庭经济上的压力，确保辍学学生有条件接受义务教育。在义务教育阶段，政府已经免除学杂费、教科书费、住宿费，同时补助寄宿生活费和营养膳食费，面对特别困难的辍学家庭，学校和政府可以通过建立专门的财政保障或者联系社会公益组织寻求帮助。首先，学校应当从发现贫困辍学学生到劝导贫困学生返校再到防止贫困学生再次辍学等全部环节，建立明确和有效的制度，由专门的机构和人员负责此项工作，从制度上保障贫困辍学学生能够接受教育。其次，学校应当和社会帮扶力量建立联系，设计贫困学生帮扶基金和贫困学生奖学金制度，并且给予贫困学生一定的倾斜，一方面通过奖学金制度激励贫困学子，另一方面也在一定程度上解决其经济困难，增强获得感。

针对因学生自身原因导致辍学的，比如视力、听力语言、智力残障的未成年学生，学校应该在县级以上地方政府的带领下设置相应的实施特殊教育的学校（班），对视力残疾、听力语言残疾和智力残疾的适龄儿童、少年实施义务教育，以保证因自身原因导致辍学的未成年学生有条件接受义务教育。同时，对智力上接受普通义务教育但需要家人照料的残疾人，学校可以开设"绿色通道"，设立专门的残疾学生生活设施，以便于家长能够到学校照顾残疾子女上学，甚至在有条件的情况下，可以为照顾残疾学生的家长提供一定的工作岗位，增加收入来源。

27. 学校如何保障未成年学生的安全，构建安全管理制度？

《未成年人保护法》明确规定，未成年人保护包括家庭保护、学校保护、社会保护以及司法保护等。其中，学校保护尤其重要，学校是未成年人成长的摇篮，担负着未成年人保护工作的重要职责，学校是有计划、有组织、有系统地对未成年人进行教育教学活动的重要场所，聚集的未成年人数量最多，未成年人在学校所处的时间也最长。但未成年人处在生理、心理发展的重要时期，且法律、安全意识薄弱，容易遭受不法及意外侵害。基于这种考虑，学校在平日的教育教学工作中，应积极建构校园安全管理体系，有效地预防学生意外伤害事故发生。学校的主要负责人作为本单位安全管理第一责任人，应组织制订本单位安全发展规划，建立健全本单位的安全制度、措施和管理办法。学校要在安全管理上制订一系列严密措施，如安装监控设施，与公安部门及时联网，落实 24 小时值班制度，给全体师生的安全提供强有力的保障。

安全教育是学校安全工作的一项重要内容，也是学生知识体系不可缺少的一个组成部分。开设安全教育课，把安全知识教育列入全年校本课程教学计划，以课堂教学形式设专课；开展安全知识学习，掌握安全防范知识和技能，视情在全国消防日等重要时间节点组织应急疏散演练，提高广大师生应对突发状况的能力。学校在组织未成年学生开展户外活动时，应准确辨识自身教育教学活动中存在的所有危险源，并对其进行风险评估，策划制订风险控制措施。尤其是组织重大集体活动之前应进行安全风险评估，明确风险程度、可能发生事故的关键环节、事故发生概率、规避或者降低风险的最佳方案等内容，确定重点防控目标，加强安全管理，消除安全隐患。

28. 校园侵权案件中的侵权责任如何承担？

近年来，校园伤害纠纷频发，除了校园欺凌事件以外，学生因课间打闹、体育运动受伤等校园伤害事件也时有发生。为最大限度减少校园伤害事故，《未成年人保护法》第三十五条规定："学校、幼儿园应当建立安全管理制度，对未成年人进行安全教育，完善安保设施、配备安保人员，保障未成年人在校、在园期间的人身和财产安全。学校、幼儿园不得在危及未成年人人身安全、身心健康的校舍和其他设施、场所中进行教育教学活动。学校、幼儿园安排未成年人参加文化娱乐、社会实践等集体活动，应当保护未成年人的身心健康，防止发生人身伤害事故。"

根据教育部 2002 年颁布、2010 年修订的《学生伤害事故处理办法》第九条，则明确规定了学校对以下十二种情况造成的学生伤害事故依法承担相应责任：（1）学校的校舍、场地、其他公共设施，以及学校提供给学生使用的学具、教育教学和生活设施、设备不符合国家规定的标准，或者有明显不安全因素的；（2）学校的安全保卫、消防、设施设备管理等安全管理制度有明显疏漏，或者管理混乱，存在重大安全隐患，而未及时采取措施的；（3）学校向学生提供的药品、食品、饮用水等不符合国家或者行业的有关标准、要求的；（4）学校组织学生参加教育教学活动或者校外活动，未对学生进行相应的安全教育，并未在可预见的范围内采取必要的安全措施的；（5）学校知道教师或者其他工作人员患有不适宜担任教育教学工作的疾病，但未采取必要措施的；（6）学校违反有关规定，组织或者安排未成年学生从事不宜未成年人参加的劳动、体育运动或者其他活动的；（7）学生有特异体质或者特定疾病，不宜参加某种教育教学活动，学校知道或者应当知道，但未予以必要的注意的；（8）学生在校期间突发疾病或者受到伤害，学校发现，但未根据实际情况及时采取相应措施，导致不良后果加重的；（9）学校教师或者其他工作人员体罚或者变相体罚学生，或者在履行职责过程中违反工作要求、操作规程、职业道德或者其他有关规定的；（10）学校教师或者其他工作人员在负有组织、管理未成年学生的职责期间，发现学生行为具有危险性，但未进行必要的管理、告诫或者制止的；（11）对未成年学生擅自离校等与学生人身安全直接相关的信息，学校发现或者知道，但未及时告知未成年学生的监护人，导致未成年学生因脱离监护人的保护而发生伤害的；（12）学校有未依法履行职责的其他情形的。

2020年颁布的《民法典》吸收了相关规定，并作了相应完善。《民法典》第一千一百九十九条规定："无民事行为能力人在幼儿园、学校或者其他教育机构学习、生活期间受到人身损害的，幼儿园、学校或者其他教育机构应当承担侵权责任；但是，能够证明尽到教育、管理职责的，不承担侵权责任。"也即对无民事行为能力的未成年人，学校承担过错推定责任，除非学校能够证明已经"尽到教育、管理职责"，否则应承担侵权责任。

《民法典》第一千二百条规定："限制民事行为能力人在学校或者其他教育机构学习、生活期间受到人身损害，学校或者其他教育机构未尽到教育、管理职责的，应当承担侵权责任。"对限制民事行为能力的未成年人，学校承担过错责任，也即未成年人及其法定代理人证明学校存在"未尽到教育、管理职责"的过错，学校承担侵权责任。

《民法典》第一千二百零一条规定："无民事行为能力人或者限制民事行为能力人在幼儿园、学校或者其他教育机构学习、生活期间，受到幼儿园、学校或者其他教育机构以外的第三人人身损害的，由第三人承担侵权责任；幼儿园、学校或者其他教育机构未尽到管理职责的，承担相应的补充责任。幼儿园、学校或者其他教育机构承担补充责任后，可以向第三人追偿。"也即由教育机构以外的第三人造成未成年人人身损害的，由第三人承担侵权责任，学校"未尽到管理职责的"，承担相应的补充责任。学校承担补充责任后，可以向第三人追偿。

29. 学校对未成年学生的培养目标是什么？教育具体包括哪些方面？

未成年学生作为我国社会主义事业的接班人，是最重要的财富，学校应对他们进行培养和教育，使其在德智体美劳各方面获得全方位的发展。根据《未成年人保护法》第三十条规定，学校应当根据未成年学生身心发展特点，进行社会生活指导、心理健康辅导、青春期教育和生命教育。第三十一条规定，学校应当组织未成年学生参加与其年龄相适应的日常生活劳动、生产劳动和服务性劳动，帮助未成年学生掌握必要的劳动知识和技能，养成良好的劳动习惯。此外，学校、幼儿园、托儿所应当建立安全制度，加强对未成年人的安全教育，采取措施保障未成年人的人身安全。专门学校还应当对在校就读的未成年学生进行思想教育、文化教育、纪律和法治教育、劳动技术教育和职业教育。

学校在开展教学教育工作时，应当符合教育规律和学生身心发展特点，面向全体学生，根据教育行政部门确定的教学制度和教学内容进行课程的创新与发展，教书育人，将德育、智育、体育、美育等有机统一在教育教学活动中，注重培养学生独立思考能力、创新能力和实践能力，促进学生全面发展，注重推进实施素质教育。学校和教师按照确定的教育教学内容和课程设置开展教育教学活动，保证达到国家规定的基本质量要求。学校和教师应采用启发式教育等教育教学方法，提高教育教学质量。学校应当把德育放在首位，寓德育于教育教学之中，开展与学生年龄相适应的社会实践活动，形成学校、家庭、社会相互配合的思想道德教育体系，促进学生养成良好的思想品德和行为习惯。

30. 未成年学生的课余时间该如何安排？

《义务教育法》第三十七条规定，学校应当保证学生的课外活动时间，组织开展文化娱乐等课外活动。社会公共文化体育设施应当为学校开展课外活动提供便利。未成年人的主要时间均在学校度过，以上课为主。周一至周五，未成年学生的课余时间除去必要的用餐与休息时间，主要内容为完成课堂作业与预习复习。学校在保证学生的课业质量的同时，应当保证学生的课外活动时间，积极组织开展文化娱乐、户外体育等课外活动，提升学生身体素质。社会公共文化体育设施应当为学校开展课外活动提供便利。学校、教师可以对学生家长提供家庭教育指导。周末及法定节假日，未成年学生的课余时间虽相对宽裕，但大量家长仍将超过一半的时间安排为参加各种课外辅导班及兴趣班，建议家长尽量多安排体育锻炼，提高未成年学生的身体素质，促进全面发展。

此外，未成年人的父母或者其他监护人应当配合学校及其他教育机构，对其未成年子女或者其他被监护人进行教育。根据我国《教育法》相关规定，未成年人的父母或者其他监护人应当为其未成年子女或者其他被监护人受教育提供必要条件。具体而言，在安排未成年人业余时间时应当注意以下几点：

一是制订计划时要尊重孩子的意愿。在制订计划时一定要充分尊重孩子的意愿，并给孩子留出一定的自由活动时间和空间。家长可以规定一天的学习时间、游戏时间等，在制订这一计划的时候，要充分注意到孩子的年龄特征和能力水平，不能提出超出孩子能力范围的盲目要求，使之丧失信心；也不能要求过低，使之丧失兴趣。从宏观上对孩子的学习生活情况进行把握，这样也可以训练孩子的自我管理能力。

二是让孩子进行体育锻炼。好身体是开发孩子智力的物质基础。父母最好能根据孩子的身体状况和客观条件制订出一个体育锻炼计划，一定要拥有一个健康强壮的身体。在课余时间，家长可以陪孩子进行一些体育锻炼，如跳绳、打乒乓球、游泳等，让孩子增强体质，健康成长。运动强度不要过大，但要保证足够的锻炼时间。

三是培养孩子的自学能力。父母要有意识地培养孩子自学能力。开始时在边上指导孩子，再逐步让他自学课外书籍，让他养成自学的好习惯，成为书本的主人。

四是合理地给孩子布置做一些"家庭作业"。"家庭作业"有书面的，更多的是口头的，还有许多开放性的，如组织家庭会、动手操作、社会调查等。这些作业，都是父母增强孩子素质的有效措施。父母绝不能以应付老师的方式对待，而应该督促孩子严格按要求去经历、去实践，有任何的敷衍了事，父母都不应该签字，以帮助孩子取得进步。

五是培养孩子阅读书籍报刊。父母要让孩子知道，书籍报刊的信息量大，知识面广，以读书为乐事，既可以排遣烦忧，愉悦性情，又可以获取知识，增长智慧，对孩子身心的健康发展非常有利。父母可以订几份适合孩子阅读的报纸，培养他们关心时事的好习惯。

31. 学校向学生推销或者变相推销商品、乱收费怎么办？

当前，一些学校违反国家规定向学生收取费用，既加重了学生及其家长的负担，也造成了教育系统的不正之风。为此，《义务教育法》第二十五条中规定，学校不得违反国家规定收取费用。学校向学生收费必须依法进行，遵守国家的有关规定，不得违反规定向学生收费，如向户口不在本地的学生收取"借读费"，对此国家已明令禁止，如果学校再向学生收取这项费用，即为非法收费，要依法承担相应的法律责任；再如"择校费"的问题，也属于一种非法收费。义务教育资源配置不合理，是造成当前教育领域择校问题、乱收费问题的一个根本原因。特别是在大城市，一些软件（师资力量）、硬件（教育教学设施）都很强的重点学校、名校与其他普通学校，特别是薄弱学校在各方面相差非常大，人、财、物等教育资源都流向了这些好的学校，导致好的学校越来越好，差的学校越来越差。广大学生和家长面对此种不均衡的状况，也不得不花钱择校，越来越看涨的择校费不仅加重了许多家庭的经济负担，同时也助长了教育资源分配的两极分化倾向。

《义务教育法》第二十五条还规定，不得以向学生推销或者变相推销商品、服务等方式谋取利益。学校作为教书育人的场所，必须要严格遵守本法及国家相关的法律规定，不得见利忘义，以向学生推销或者变相推销商品、服务等方式谋取利益。这里应当说明的是，本法禁止的是学校以向学生推销或者变相推销商品、服务等方式谋取利益，并不是说学校一概不能收取任何代办费、服务费。对于一些正常的、必要的学校服务性收费、组织活动收费，如组织学生观看有教育意义的电影、话剧所收的费用或者为骑自行车的同学提供的专人看车的服务收费等，本着学生自愿参加的原则，以及学校在提供此项服务时非营利的原则，是可以收取的，法律禁止的是一种谋利行为。

对以上这些学校乱收费、变相推销的行为，有两种处罚结果：一是学校违反国家规定收取费用的，由县级人民政府教育行政部门责令退还所收费用；对直接负责的主管人员和其他直接责任人员依法给予处分。二是学校以向学生推销或者变相推销商品、服务等方式谋取利益的，由县级人民政府教育行政部门给予通报批评；有违法所得的，没收违法所得；对直接负责的主管人员和其他直接责任人员依法给予处分。《义务教育法》第五十六条规定，学校违反国家规定收取费用的，由县级人民政府教育行政部门责令退还所收费用；对直接负责的主管人员和其他直接责任人员依法给予处分。学校以向学生推销或者变相推销商品、服务等方式谋取利益的，由县级人民政府教育行政部门给予通报批评；有违法所得的，没收违法所得；对直接负责的主管人员和其他直接责任人员依法给予处分。国家机关工作人员和教科书审查人员参与或者变相参与教科书编写的，由县级以上人民政府或者其教育行政部门根据职责权限责令限期改正，依法给予行政处分；有违法所得的，没收违法所得。

学校向学生及家长推销，既违背了教育的基本精神，也不利于教育环境的净化，家长们在面对推销时应坚决说不，有必要时向教育主管部门进行举报或投诉。

32. 发现小区幼儿园招录了一名曾性侵害未成年人的保安，作为家长，应该如何处理？

未成年人权益保护是全社会关注的焦点。依据《义务教育法》第二十四条规定，学校应当建立、健全安全制度和应急机制，对学生进行安全教育，加强管理，及时消除隐患，预防发生事故。学校不得聘用曾经因故意犯罪被依法剥夺政治权利或者其他不适合从事义务教育工作的人担任工作人员。《未成年人保护法》第四十条规定，学校、幼儿园应当建立预防性侵害、性骚扰未成年人工作制度。对性侵害、性骚扰未成年人等违法犯罪行为，学校、幼儿园不得隐瞒，应当及时向公安机关、教育行政部门报告，并配合相关部门依法处理。

近年来，侵害未成年人人身权利的违法犯罪案件时有发生，一些行业从业人员利用职业便利所实施的侵害行为，更是严重危害未成年人的身心健康及家长、社会公众的安全感，也严重损害了相关行业的社会形象。2019 年 1 月，上海市长宁区人民检察院联合区委政法委、区公安分局、区教育局等 8 家单位，联合出台《关于在未成年人教育培训和看护行业建立入职查询和从业禁止制度的意见（试行）》（以下简称《意见》），推动完善特定违法犯罪人员利用职业便利侵害未成年人的预防机制。《意见》共十条，分别从目的依据、适用对象、禁入行业、入职查询、执行监督、配合协调等六个方面对提高未成年人教育培训和看护行业入职门槛、加强源头预防明确了要求。《意见》明确受限人员范围，禁入的行业，黑名单数据库信息，分类明确执行监督部门，衔接协调机制等。《意见》指出，未成年人教育培训和看护行业的用人单位对于经查询发现存在性侵害及相关的违法犯罪，不予录用。其中，"违法犯罪记录"的范围也根据预防需要采用"宽口径"，不仅指人民法院作出的有罪生效裁判，还包括人民检察院作出的确认存在违法犯罪事实的不起诉决定，也包括公安机关依法作出的行政处罚决定以及劳动教养、收容教育、强制隔离戒毒等记录。

2020 年 5 月 7 日，最高人民检察院、国家监察委员会、教育部等九部门联合印发了《关于建立侵害未成年人案件强制报告制度的意见（试行）》，至此，各地已经长期试行的、已经取得卓有成效的未成年人案件强制报告制度在全国确立。从强制报告案件范围看，该制度核心要义是强制要求负有特殊职责者在遇到未成年人疑似受到不法侵害或者面临不法危险时主动向相关部门进行报告，以求能够针对未成年人犯罪的及时发现、及时侦控、及时审判，尽可能实现未成年人犯罪人数缩减。该意见第十六条还规定了负有强制报告义务者不履行报告义务时的处罚制度。如果单从规范层面看，行政与刑事处罚手段的相互补充似乎足以实现对负有强制报告义务者的约束，促使其在面临处罚的压力下履行强制报告义务，但实践中却经常出现明知存在针对未成年人的不法侵害或者明知未成年人面临不法危险却不报告的情况。

2020 年 9 月 18 日，最高人民检察院举行新闻发布会，发布最高人民检察院、教育部、公安部联合下发的《关于建立教职员工准入查询性侵违法犯罪信息制度的意见》，要求中小学、幼儿园新招录教职员工前，教师资格认定机构在授予申请人教师资格前，应当进行性侵害违法犯罪信息查询，把"大灰狼"挡在门外。若未按规定查询，将被追责。

2020 年 10 月 17 日，修订后的《未成年人保护法》第六十二条第一款也明确规定，密切接触未成年人的单位招聘工作人员时，应当向公安机关、人民检察院查询应聘者是否具有性侵害、虐待、拐卖、暴力伤害等违法犯罪记录；发现其具有前述行为记录的，不得录用。随着社会经济的日益发展和人们生活需求的变化，低龄儿童照料的问题日益凸显，各类托育机构、临时看护组织和早期教育服务机构等一批新兴行业应运而生。这些与未成年人息息相关的行业及岗位均应纳入综合考量的范畴，扩大行业禁入范围，才能做到对未成年人的全面、综合保护。禁入范围不仅包括教师、培训师、教练、保育员等直接对未成年人负有特殊职责的工作人员，也包括行政人员以及保安、门卫、司机、保洁员等虽不直接负有特殊职责，但具有密切接触未成年人工作便利的其他工作人员。性侵害、虐待等侵害未成年人人身权利的违法犯罪行为具有极高的再犯可能性，而且利用职业便利实施的隐蔽性更强，再犯预防的必要性非常突出。

33. 什么是专门学校？

专门学校面向的是具有严重不良行为、不适合继续留在普通学校学习的未成年人，对其开展相应的义务教育及行为矫治。专门学校既不是刑事处罚，也不属于行政处罚，而是一种对未成年人违法犯罪行为进行超前预防的有效措施。专门学校的前身是工读学校。

《预防未成年人犯罪法》第四十三条规定，对有严重不良行为的未成年人，未成年人的父母或者其他监护人、所在学校无力管教或者管教无效的，可以向教育行政部门提出申请，经专门教育指导委员会评估同意后，由教育行政部门决定送入专门学校接受专门教育。第四十四条规定，未成年人有下列情形之一的，经专门教育指导委员会评估同意，教育行政部门会同公安机关可以决定将其送入专门学校接受专门教育：（1）实施严重危害社会的行为，情节恶劣或者造成严重后果；（2）多次实施严重危害社会的行为；（3）拒不接受或者配合本法第四十一条规定的矫治教育措施；（4）法律、行政法规规定的其他情形。第四十七条规定，专门学校应当对接受专门教育的未成年人分级分类进行教育和矫治，有针对性地开展道德教育、法治教育、心理健康教育，并根据实际情况进行职业教育；对没有完成义务教育的未成年人，应当保证其继续接受义务教育。专门学校的未成年学生的学籍保留在原学校，符合毕业条件的，原学校应当颁发毕业证书。

《义务教育法》第二十条规定，县级以上地方人民政府根据需要，为具有《预防未成年人犯罪法》规定的严重不良行为的适龄少年设置专门的学校实施义务教育。

《未成年人保护法》第一百三十条第二款规定，学校，是指普通中小学、特殊教育学校、中等职业学校、专门学校。

34. 婴幼儿照顾服务机构、校外教育培训机构、校外托管机构等，如何保障未成年人的安全？

《未成年人保护法》第四十一条规定，婴幼儿照护服务机构、早期教育服务机构、校外培训机构、校外托管机构等应当参照本章有关规定，根据不同年龄阶段未成年人的成长特点和规律，做好未成年人保护工作。

学校、幼儿园安排未成年人参加集会、文化娱乐、社会实践等集体活动，应当有利于未成年人的健康成长，防止发生人身安全、事故。婴幼儿照顾服务机构、校外教育机构及托管机构均应当遵守相关法律法规，但此前婴幼儿照顾服务机构、校外教育机构及托管机构准入门槛过低，安全隐患多。为加强托育机构专业化、规范化建设，按照《国务院办公厅关于促进3岁以下婴幼儿照护服务发展的指导意见》的要求，国家卫生健康委组织制定了《托育机构设置标准（试行）》和《托育机构管理规范（试行）》，自 2019 年 10 月 8 日起施行。婴幼儿照顾服务机构应当严格遵守上述规定。

另外，突出学校、教育机构、教育主管部门主体责任，学校、教育机构、教育主管部门应当依法建立优良的教育环境，加强校园安全风险隐患排查预警，加强校园安全防控体系建设，持续深化校园法治安全宣传教育。利用好未成年人从业禁止人员库，对未成年人负有监护、教育、救助等特殊职责的单位和人员，在发现未成年人受侵害时，应当及时向未成年人保护部门或公安机关报案并备案记录，逐步建立侵害未成年人案件的社会警示系统。

校外教育机构对未成年人实施保护的义务，是基于《未成年人保护法》和其他有关法律、法规的规定而产生的，承担的是教育、管理、保护的责任。校外托管、培训机构除了托管未成年人、使未成年人接受校外教育外，对于未成年人的人身安全和健康也负有不可推卸的法律责任。相关机构应当建立健全安全制度和应急机制，对未成年人进行安全教育，加强管理，及时消除隐患，预防事故发生。机构的场地和教学、锻炼、游玩设施应当保证达到安全使用的要求。校外教育机构在组织安排未成年人参加集会、文化娱乐、社会实践等集体活动时，不仅要从内容和形式上防止对未成年人产生不良影响，而且要防止在活动中发生任何人身伤亡事故。应当树立尊重未成年人人格尊严的法治观念，机构工作者与未成年人应当建立民主、平等的关系，不得对未成年人实施体罚、变相体罚和其他侮辱人格尊严的行为。在政府层面要切实提高思想认识，将规范相关机构纳入重要议事日程，科学界定相关机构的分类和规划，加强管理，对相关机构的准入、教学质量、服务评级和退出机制等进行指导和监管。定期对相关机构开展专项监督检查活动，结合发现的运营、办学、教育等方面存在的问题，及时进行整改，消除未成年人保护隐患。教育部门、市场监督管理部门、民政、卫生、公安等部门共同参与，在各自的职责范围内，履行好监督管理职责。充分利用大数据、云平台对相关机构的信息数据进行整合。相关机构的业务范围、住所、办学资质等基本信息，登记与变更动态，以及检查情况通报等信息在市场监督管理、民政、卫生、公安等部门进行资源共享，发现不符合开设条件的坚决不予审批，从源头上杜绝违规办学，为孩子们营造良好、健康的学习环境和成长环境。

35. 学校应对哪些学生提供帮助和便利？

《未成年人保护法》第三条规定，国家保障未成年人的生存权、发展权、受保护权、参与权等权利。未成年人依法平等地享有各项权利，不因本人及其父母或者其他监护人的民族、种族、性别、户籍、职业、宗教信仰、教育程度、家庭状况、身心健康状况等受到歧视。

对于家庭贫困的学生，学校应当做好思想政治工作。贫困生经济上的困难严重影响着他们的生活、学习质量和身心健康，部分学生成为经济和心理的"双困生"。因此，做好贫困生的思想政治工作比单纯解决经济问题更为重要。辅导员及班主任应本着对学校负责和对学生负责的态度，重视对贫困生的心理疏导，帮助他们在思想上"脱贫"。各学生工作部门要根据存在的不同情况，在学生中开展挫折教育、成功教育和自立自强教育，培养他们自尊、自信、自立、自强的意识，打消"等、靠、要"的念头，通过开展思想工作，缓解贫困生的心理压力，促进其个性健康发展，积极乐观地面对生活。开展多种形式的勤工助学活动，帮助学生解决实际困难，解决贫困生问题的最佳办法就是让贫困生自立。学校要积极创造条件，开展多种形式的勤工助学活动，使学生通过劳动获得生活资助。拓展校内勤工助学岗位数量。学校要进一步挖掘潜力，对用工制度进行改革，给贫困学生提供更多的勤工助学岗位。勤工助学是对品学兼优学生的资助，要使其在良好的校园文化建设中起到一定的导向作用。加强勤工助学工作的管理与考核。助学过程也是一个培养学生综合能力，促使学生全面发展的过程。在掌握贫困生情况，建立贫困生资料库的基础上，还应建立完善的贫困生认定机制。

对于身心障碍的学生，例如受到家庭暴力的学生，根据《反家庭暴力法》第十四条规定，学校、幼儿园、医疗机构、居民委员会、村民委员会、社会工作服务机构、救助管理机构、福利机构及其工作人员在工作中发现无民事行为能力人、限制民事行为能力人遭受或者疑似遭受家庭暴力的，应当及时向公安机关报案。公安机关应当对报案人的信息予以保密。第三十五条规定，学校、幼儿园、医疗机构、居民委员会、村民委员会、社会工作服务机构、救助管理机构、福利机构及其工作人员未依照本法第十四条规定向公安机关报案，造成严重后果的，由上级主管部门或者本单位对直接负责的主管人员和其他直接责任人员依法给予处分。

对于遭受重男轻女不公平待遇的女学生，《妇女权益保障法》第十五条规定，国家保障妇女享有与男子平等的文化教育权利。第十六条规定，学校和有关部门应当执行国家有关规定，保障妇女在入学、升学、毕业分配、授予学位、派出留学等方面享有与男子平等的权利。学校在录取学生时，除特殊专业外，不得以性别为由拒绝录取女性或者提高对女性的录取标准。第十七条规定，学校应当根据女性青少年的特点，在教育、管理、设施等方面采取措施，保障女性青少年身心健康发展。第十八条规定，父母或者其他监护人必须履行保障适龄女性儿童少年接受义务教育的义务。除因疾病或者其他特殊情况经当地人民政府批准的以外，对不送适龄女性儿童少年入学的父母或者其他监护人，由当地人民政府予以批评教育，并采取有效措施，责令送适龄女性儿童少年入学。政府、社会、学校应当采取有效措施，解决适龄女性儿童少年就学存在的实际困难，并创造条件，保证贫困、残疾和流动人口中的适龄女性儿童少年完成义务教育。

对于身体残疾的学生，《残疾人保障法》第三条规定，残疾人在政治、经济、文化、社会和家庭生活等方面享有同其他公民平等的权利。残疾人的公民权利和人格尊严受法律保护。禁止基于残疾的歧视。禁止侮辱、侵害残疾人。禁止通过大众传播媒介或者其他方式贬低损害残疾人人格。第二十一条规定，国家保障残疾人享有平等接受教育的权利。各级人民政府应当将残疾人教育作为国家教育事业的组成部分，统一规划，加强领导，为残疾人接受教育创造条件。政府、社会、学校应当采取有效措施，解决残疾儿童、少年就学存在的实际困难，帮助其完成义务教育。各级人民政府对接受义务教育的残疾学生、贫困残疾人家庭的学生提供免费教科书，并给予寄宿生活费等费用补助；对接受义务教育以外其他教育的残疾学生、贫困残疾人家庭的学生按照国家有关规定给予资助。第二十二条规定，残疾人教育，实行普及与提高相结合、以普及为重点的方针，保障义务教育，着重发展职业教育，积极开展学前教育，逐步发展高级中等以上教育。根据第二十三条规定，残疾人教育应当根据残疾人的身心特性和需要，按照下列要求实施：（1）在进行思想教育、文化教育的同时，加强身心补偿和职业教育；（2）依据残疾类别和接受能力，采取普通教育方式或者特殊教育方式；（3）特殊教育的课程设置、教材、教学方法、入学和在校年龄，可以有适度弹性。第二十四条规定，县级以上人民政府应当根据残疾人的数量、分布状况和残疾类别等因素，合理设置残疾人教育机构，并鼓励社会力量办学、捐资助学。第二十五条规定，普通教育机构对具有接受普通教育能力的残疾人实施教育，并为其学习提供便利和帮助。普通小学、初级中等学校，必须招收能适应其学习生活的残疾儿童、少年入学；普通高级中等学校、中等职业学校和高等学校，必须招收符合国家规定的录取要求的残疾考生入学，不得因其残疾而拒绝招收；拒绝招收的，当事人或者其亲属、监护人可以要求有关部门处理，有关部门应当责令该学校招收。普通幼儿教育机构应当接收能适应其生活的残疾幼儿。第二十六条规定，残疾幼儿教育机构、普通幼儿教育机构附设的残疾儿童班、特殊教育机构的学前班、残疾儿童福利机构、残疾儿童家庭，对残疾儿童实施学前教育。初级中等以下特殊教育机构和普通教育机构附设的特殊教育班，对不具有接受普通教育能力的残疾儿童、少年实施义务教育。高级中等以上特殊教育机构、普通教育机构附设的特殊教育班和残疾人职业教育机构，对符合条件的残疾人实施高级中等以上文化教育、职业教育。提供特殊教育的机构应当具备适合残疾人学习、康复、生活特点的场所和设施。

对于心理健康有缺陷的学生，依据《精神卫生法》第十六条规定，各级各类学校应当对学生进行精神卫生知识教育；配备或者聘请心理健康教育教师、辅导人员，并可以设立心理健康辅导室，对学生进行心理健康教育。学前教育机构应当对幼儿开展符合其特点的心理健康教育。发生自然灾害、意外伤害、公共安全事件等可能影响学生心理健康的事件，学校应当及时组织专业人员对学生进行心理援助。教师应当学习和了解相关的精神卫生知识，关注学生心理健康状况，正确引导、激励学生。地方各级人民政府教育行政部门和学校应当重视教师心理健康。学校和教师应当与学生父母或者其他监护人、近亲属沟通学生心理健康情况。

对于受到刑事处罚的学生，依据《监狱法》第七十五条规定，对未成年犯执行刑罚应当以教育改造为主。未成年犯的劳动，应当符合未成年人的特点，以学习文化和生产技能为主。监狱应当配合国家、社会、学校等教育机构，为未成年犯接受义务教育提供必要的条件。

对于艾滋病病人遗留的孤儿和感染艾滋病病毒的未成年人，依据《艾滋病防治条例》第四十五条规定，生活困难的艾滋病病人遗留的孤儿和感染艾滋病病毒的未成年人接受义务教育的，应当免收杂费、书本费；接受学前教育和高中阶段教育的，应当减免学费等相关费用。

第四章　社会保护

36. 公共场馆和公共场所对未成年人有哪些优惠政策?

许多公共场馆和场所对未成年人设置了优惠待遇,包括爱国主义教育基地、图书馆、青少年宫、儿童活动中心、博物馆、纪念馆、影剧院、体育场馆、动物园、植物园、公园等在内的多种场所,均有不同程度的优惠政策。

2007年《国家发展改革委关于进一步做好当前游览参观点门票价格管理工作的通知》规定:实行政府定价、政府指导价管理的游览参观点,对老年人、现役军人、未成年人及学生等应适当优惠,对残疾人、儿童等实行免票。2008年《国家发改委等部委关于整顿和规范游览参观点门票价格的通知》规定:(1)规范门票价格管理,(2)游览参观点要明确对儿童、学生、未成年人、老年人、现役军人、残疾人、宗教人士等的门票价格减免范围和标准。2012年《国家发改委关于进一步落实青少年门票价格优惠政策的通知》规定:"……各地实行政府定价、政府指导价管理的游览参观点,对青少年门票价格政策标准:对6周岁(含6周岁)以下或身高1.2米(含1.2米)以下的儿童实行免票;对6周岁(不含6周岁)~18周岁(含18周岁)未成年人、全日制大学本科及以下学历学生实行半票。列入爱国主义教育基地的游览参观点,对大中小学学生集体参观实行免票。鼓励实行市场调节价的游览参观点参照上述规定对青少年等给予票价优惠。……"

在优惠场所方面,《未成年人保护法》第四十四条作了如下细分规定,应当免费开放的有:爱国主义教育基地、图书馆、青少年宫、儿童活动中心、儿童之家;应当优惠、可以免费的有:博物馆、纪念馆、科技馆、展览馆、美术馆、文化馆、社区公益性互联网上网服务场所、影剧院、体育场馆、动物园、植物园、公园等场所。并且鼓励爱国主义教育基地、博物馆、科技馆、美术馆等公共场馆开设未成年人专场,为未成年人提供有针对性的服务。

另外，国家鼓励国家机关、企业事业单位、部队等开发自身教育资源，设立未成年人开放日，为未成年人主题教育、社会实践、职业体验等提供支持；国家鼓励科研机构和科技类社会组织对未成年人开展科学知识普及活动。

37. 对未成年人进入网吧、歌厅等娱乐场所有哪些规定？

绝对禁止未成年人进入的娱乐场所有：网吧、酒吧、歌舞娱乐厅等场所。我国 2006 年出台的《娱乐场所管理条例》（2016 年修订）第二十三条中规定，歌舞娱乐场所不得接纳未成年人。根据 2019 年 3 月《互联网上网服务营业场所管理条例》第二十一条规定，互联网上网服务营业场所经营单位不得接纳未成年人进入营业场所，应当在营业场所入口处的显著位置悬挂未成年人禁入标志。根据《未成年人保护法》第五十八条规定，营业性歌舞娱乐场所、酒吧、互联网上网服务营业场所等不适宜未成年人活动场所的经营者，不得允许未成年人进入；经营者应当在显著位置设置未成年人禁入、限入标志；对难以判明是否是未成年人的，"应当"也就是必须要求出示身份证件证明自己是成年人。

绝对禁止未成年人进入的娱乐场所在位置上受到限制，根据《未成年人保护法》第五十八条规定：学校、幼儿园周边不得设置营业性娱乐场所、酒吧、互联网上网服务营业场所等不适宜未成年人活动的场所。《互联网上网服务营业场所管理条例》第九条规定：中学、小学校园周围 200 米范围内和居民住宅楼（院）内不得设立互联网上网服务营业场所。

根据《未成年人保护法》第五十八条规定，游艺娱乐场所设置的电子游戏设备，除国家法定节假日外，不得向未成年人提供。

38. 父母或监护人可以看未成年人子女的邮件或聊天记录吗？

我国《宪法》第四十条规定：中华人民共和国公民的通信自由和通信秘密受法律的保护。除因国家安全或者追查刑事犯罪的需要，由公安机关或者检察机关依照法律规定的程序对通信进行检查外，任何组织或者个人不得以任何理由侵犯公民的通信自由和通信秘密。邮件和聊天记录等的内容均属于通信秘密范畴，邮件和聊天信息的传递通畅属于通信自由，国家保护未成年人通信自由和通信秘密不受侵犯。《未成年人保护法》第六十三条第一款规定：任何组织或者个人不得隐匿、毁弃、非法删除未成年人的信件、日记、电子邮件或者其他网络通讯内容。

特殊情况下，对未成年人的信件、日记、电子邮件或者其他网络通讯内容，有例外规定。如《未成年人保护法》第六十三条第二款第一项规定，无民事行为能力未成年人的父母或其他监护人可以代未成年人开拆和查阅，但对于其他未成年人，则不适用此规定。按照法律规定未成年人分为限制民事行为能力人与无民事行为能力人。另外，在因国家安全或者追查刑事犯罪依法进行检查，或紧急情况下为了保障未成年人本人的合法权益时可以开拆和查阅。值得注意的是，即使在特殊情况下，也仅限于对未成年人的信件、日记、电子邮件或者其他网络通讯内容开拆和查阅，隐匿、毁弃、非法删除仍然是禁止的。

39. 性侵害未成年人事件频发，社会保护层面将采取哪些措施？

性侵害未成年人事件确实是近年来关注度较高的问题，性侵害事件对未成年人造成的伤害不仅限于生理，其对未成年人的心理造成的创伤要甚于成年人。未成年人身心发育尚未成熟，性侵害对未成年人未来的发展将会造成较为深远的不良影响。

《未成年人保护法》对性侵害未成年人行为作了禁止性规定。《未成年人保护法》第五十四条第一款规定：禁止拐卖、绑架、虐待、非法收养未成年人，禁止对未成年人实施性侵害、性骚扰。根据 2013 年《最高人民法院、最高人民检察院、公安部、司法部关于依法惩治性侵害未成年人犯罪的意见》第一条规定，性侵害未成年人犯罪，包括针对未成年人实施的强奸罪，强制猥亵、侮辱妇女罪，猥亵儿童罪，组织卖淫罪，强迫卖淫罪，引诱、容留、介绍卖淫罪，引诱幼女卖淫罪，嫖宿幼女罪等。《刑法》第二百三十六条第一款、第二款规定：以暴力、胁迫或者其他手段强奸妇女的，处三年以上十年以下有期徒刑。奸淫不满十四周岁的幼女的，以强奸论，从重处罚。第二百三十七条第一款、第二款规定：以暴力、胁迫或者其他方法强制猥亵他人或者侮辱妇女的，处五年以下有期徒刑或者拘役。聚众或者在公共场所当众犯前款罪的，或者有其他恶劣情节的，处五年以上有期徒刑。猥亵儿童的，依照《刑法》第二百三十七条第三款的规定处罚。

社会相关行业与未成年人紧密接触的用人单位要做好防范工作。《未成年人保护法》第六十二条规定：密切接触未成年人的单位招聘工作人员时，应当向公安机关、人民检察院查询应聘者是否具有性侵害、虐待、拐卖、暴力伤害等违法犯罪记录；发现其具有前述行为记录的，不得录用。密切接触未成年人的单位应当每年定期对工作人员是否具有上述违法犯罪记录进行查询。通过查询或者其他方式发现其工作人员具有上述行为的，应当及时解聘。密切接触未成年人的人员是性侵害未成年人事件的高发主体，调整密切接触人员是一种显著有效地解决性侵害未成年人问题的方法。从准入到考察，严格将有过性侵害、虐待、拐卖、暴力伤害等违法犯罪记录的人员与未成年人分离开来，杜绝密切接触，定期考核，将新发违法犯罪倾向或可能的主体及时清离未成年人工作队伍，兼顾"治标"与"治本"。

对于性侵害未成年人事件，全社会要共同努力。《最高人民法院、最高人民检察院、公安部、司法部关于依法惩治性侵害未成年人犯罪的意见》规定：对未成年人负有监护、教育、训练、救助、看护、医疗等特殊职责的人员以及其他公民和单位，发现未成年人受到性侵害的，有权利也有义务向公安机关、人民检察院、人民法院报案或者举报。公安机关接到未成年人被性侵害的报案、控告、举报，应当及时受理，迅速进行审查。经审查，符合立案条件的，应当立即立案侦查，发现可能有未成年人被性侵害或者接报相关线索的，无论案件是否属于本单位管辖，都应当及时采取制止违法犯罪行为、保护被害人、保护现场等紧急措施，必要时，应当通报有关部门对被害人予以临时安置、救助。同时，办案人员到未成年被害人及其亲属、未成年证人所在学校、单位、居住地调查取证的，应当避免驾驶警车、穿着制服或者采取其他可能暴露被害人身份、影响被害人名誉、隐私的方式。

40. 如何应对不良信息对未成年人产生的不利影响？

随着信息时代的发展，社会生活中获取信息的途径越发丰富，从过去的书本、电视到如今的多种互联网平台，信息大量涌入人们视野的同时，如何从中保护尚无法对信息进行识别和过滤的未成年人，是我们值得深思的问题。未成年人无法有效辨别信息真实性与准确性，在信息潮流中容易走入歧途，把握未成年人身心健康成长的脉络，保障未成年人接触信息的健康性是至关重要的一环。

《未成年人保护法》第四十八条规定：国家鼓励创作、出版、制作和传播有利于未成年人健康成长的图书、报刊、电影、广播电视节目、舞台艺术作品、音像制品、电子出版物和网络信息等。在未成年人文化道路上指明大方向，不仅提倡有利于未成年人的文化，还要鼓励这种文化，共同营造有利于未成年人成长的文化大环境。

《未成年人保护法》第四十九条规定：新闻媒体应当加强未成年人保护方面的宣传，对侵犯未成年人合法权益的行为进行舆论监督。新闻媒体采访报道涉及未成年人事件应当客观、审慎和适度，不得侵犯未成年人的名誉、隐私和其他合法权益。在自媒体蓬勃发展的当下，新闻媒体作为众多媒体队伍的中坚力量，应当在未成年人保护工作中发挥强有力的带头作用，将未成年人保护引入公众主流视野，积极加大宣传力度，谴责与未保潮流相悖的不良行为。但舆论是把"双刃剑"，舆论在把未成年人保护工作带到公众视野的同时，也同样存在着对未成年人造成伤害的可能。新闻媒体要大力弘扬未成年人保护的正能量，在报道未成年人案件时，兼顾未成年人的名誉与隐私等合法权益，切实符合保护未成年人的初衷。

《未成年人保护法》第五十条规定：禁止制作、复制、出版、发布、传播含有宣扬淫秽、色情、暴力、邪教、迷信、赌博、引诱自杀、恐怖主义、分裂主义、极端主义等危害未成年人身心健康内容的图书、报刊、电影、广播电视节目、舞台艺术作品、音像制品、电子出版物和网络信息等。对于身心发育尚未成熟的未成年人，人生观、世界观、价值观尚未完全形成，或正处于形成阶段，与社会正能量不符的种种不良信息、违法信息，会严重歪曲未成年人心理健康发展的路径。从源头入手控制此类不良信息的传播与流动，相比控制未成年人的接触面而言，更为灵活与高效。

《未成年人保护法》第五十一条规定：任何组织或者个人出版、发布、传播的图书、报刊、电影、广播电视节目、舞台艺术作品、音像制品、电子出版物或者网络信息，包含可能影响未成年人身心健康内容的，应当以显著方式作出提示。结合第五十条规定，新修订的《未成年人保护法》对不适宜未成年人接触的信息作了程度上的划分，前者为完全不良的信息，不仅不适宜未成年人接触，也不适宜在成年人之间传播，应当予以全方位的完全禁止；而后者，即本条仅对不适宜未成年人接触的信息所作的规定，此类信息在成年人中传播并无大碍，但仍会对未成年人造成一定程度的不良影响，应当以显著的方式作出适当提示。在信息传播大数据统计时，可以实现对未成年人的屏蔽，同时父母及其他监护人或其他成年人，发现提示可以及时有效地防止未成年人接触。信息分类作不同程度的规范，可以在绝对保护未成年人的同时，也能实现信息传播的自由度。

《未成年人保护法》第五十三条中规定：任何组织或者个人不得刊登、播放、张贴或者散发含有危害未成年人身心健康内容的广告；不得在学校、幼儿园播放、张贴或者散发商业广告。《未成年人保护法》对广告信息的传播也同样作了分类处理，商业广告在校园、幼儿园的绝对禁止，未成年人对信息和商业行为无法作出有效的理解，容易被商业广告中的某些元素吸引，影响未成年人的健康发展；同时，我国法律将未成年人作为无民事行为能力人和限制民事行为能力人，但两者都不是商业行为的合格主体，与此相印证，商业广告在校园中并不能真正收到正确的商业效果，为保护未成年人合法权益，商业广告在校园中被完全杜绝。但并非"一刀切"地彻底禁止校园广告，对于非商业广告，允许有利于未成年人身心健康的，或者是无害于未成年人身心健康的良性、中性广告进入校园，但对于那些有害的广告，与商业广告作相同处理，即禁止其以任何形式出现在校园内。

信息是把"双刃剑"，为社会生活带来便利的同时也危机四伏。如何将健康、积极、正能量的信息传达给未成年人，帮助未成年人身心健康发展，同时为未成年人筑起信息筛选的保护罩，防止不良信息扭曲未成年人的发展心路，是一个体系庞大的工程。信息源头要净化，信息传播过程中要引导，信息接收步骤要过滤，新修订的《未成年人保护法》为未成年人信息接触竖起重重屏障，为未成年人广泛接受优秀信息的熏陶、避开不良信息的威胁披荆斩棘、保驾护航。

41. 公共场所对未成年人有哪些特殊关照？

未成年人发育尚未成熟，而公共设施往往是为照顾多数人便利设计，于未成年人及其同行成年人而言对便利性有所影响。例如，公共洗手间为成年人设置的洗手台、小便池等高度过高，并不适宜未成年人使用，还有一些年龄较小的未成年人尚无法自理等，对未成年人日常起居出行造成一定影响。《未成年人保护法》第四十六条规定：国家鼓励大型公共场所、公共交通工具、旅游景区景点等设置母婴室、婴儿护理台以及方便幼儿使用的坐便器、洗手台等卫生设施，为未成年人提供便利。目前而言，各类公共场所专为未成年人设置适宜未成年人使用的设施已并不罕见，覆盖面已经形成一定的广度，此次将该条写入《未成年人保护法》

中，从立法角度对制度实施起到强有力的保障，进一步提高公共场所未成年人便利设施的覆盖广度，使关照未成年人成为全国通行的一种制度习惯。

这种特殊关照并不仅限于便利保障上，也同样存在于未成年人的安全保障中。未成年人集中活动的公共场所应当符合国家或者行业安全标准，并采取相应安全保护措施。对可能存在安全风险的设施，应当定期进行维护，在显著位置设置安全警示标志并标明适龄范围和注意事项；必要时应当安排专门人员看管。大型的商场、超市、医院、图书馆、博物馆、科技馆、游乐场、车站、旅游景区景点等场所运营单位，应当设置搜寻走失未成年人的安全警报系统。场所运营单位接到求助后，应当立即启动安全警报系统，组织人员进行搜寻并向公安机关报告。公共场所发生突发事件时，应当优先救护未成年人。在景区、车站等人员较为密集的场所，未成年人走失事件时有发生，依照程序报案处理，在时间上都存在着不可避免的滞后性，易引发一系列不必要的风险，后果较为严重。此类公共场所硬性安装广播设施并不存在实际困难，相反却能起到至关重要的作用，在发生走失时，除恶意拐卖等外，一般的走失都可通过广播及时播报，及时防止恶性结果发生。同时，原则性地规定在公共场所突发事件发生时，应当优先救护未成年人，将爱护未成年人从道德层面上升到法律高度，作为人人都要遵守的法律原则。

42. 如何在未成年人参加劳动的过程中保护其合法权益？

一般情况下，用人单位禁止雇用未成年人。《劳动法》规定：禁止用人单位招用未满十六周岁的未成年人。根据国务院《禁止使用童工规定》中的规定：十六周岁以下的未成年人为童工，国家机关、社会团体、企业事业单位、民办非企业单位或者个体工商户均不得招用不满十六周岁的未成年人。禁止任何单位或者个人为不满十六周岁的未成年人介绍就业。禁止不满十六周岁的未成年人开业从事个体经营活动。为此，用人单位招用人员时，必须核查被招用人员的身份证，对不满十六周岁的未成年人，一律不得录用。用人单位录用人员的录用登记、核查材料应当妥善保管。同时，不满十六周岁的未成年人的父母或者其他监护人应当保护其身心健康，保障其接受义务教育的权利，不得允许其被用人单位非法招用。不满十六周岁的未成年人的父母或者其他监护人允许其被用人单位非法招用的，所在地的乡（镇）人民政府、城市街道办事处以及村民委员会、居民委员会应当给予批评教育。例外情况是，文艺、体育单位经未成年人的父母或者其他监护人同意，可以招用不满十六周岁的专业文艺工作者、运动员。用人单位应当保障被招用的不满十六周岁的未成年人的身心健康，保障其接受义务教育的权利。文艺、体育单位招用不满十六周岁的专业文艺工作者、运动员的办法，由国务院劳动保障行政部门会同国务院文化、体育行政部门制定。学校、其他教育机构以及职业培训机构按照国家有关规定组织不满十六周岁的未成年人进行不影响其人身安全和身心健康的教育实践劳动、职业技能培训劳动，不属于使用童工。并且，对违法雇用童工的，设定了罚款、吊销执照等处罚规定。

需要明确的是，我国并不禁止用人单位雇用年满十六周岁的未成年人。《民法典》第十八条第二款规定：十六周岁以上的未成年人，以自己的劳动收入为主要生活来源的，视为完全民事行为能力人。根据《劳动法》第十五条规定，禁止用人单位招用未满十六周岁的未成年人。文艺、体育和特种工艺单位招用未满十六周岁的未成年人，必须遵守国家有关规定，并保障其接受义务教育的权利。我国《民法典》对成年人的定义为十八周岁以上的公民，相反推出，未满十八周岁的公民为未成年人，其中，已满十六周岁未满十八周岁的，因家庭等特殊原因，以自己的劳动收入为主要生活来源的，虽然不具备成年人的形式要件，但是满足了成年人的实质要件，在实际社会生活中与成年人无异。结合这种情况，我国对这类群体适用劳动成年制度，即将其视为成年人，这类人群即为前述的可以合法雇用的"童工"，在《劳动法》中，使用"未成年工"的表述。但此处也同样存在例外，《未成年人保护法》第六十一条第二款规定：营业性娱乐场所、酒吧、互联网上网服务营业场所等不适宜未成年人活动的场所不得招用已满十六周岁的未成年人。营业性娱乐场所、酒吧、互联网上网服务营业场所等场所，既不适宜未成年人进入，也不适宜未成年人劳动。

对于未成年工，用人单位应给予特殊劳动保护。《劳动法》第六十四条规定：不得安排未成年工从事矿山井下、有毒有害、国家规定的第四级体力劳动强度的劳动和其他禁忌从事的劳动。第六十五条规定：用人单位应当对未成年工定期进行健康检查。《未成年人保护法》第六十一条第三款规定：招用已满十六周岁未成年人的单位和个人应当执行国家在工种、劳动时间、劳动强度和保护措施等方面的规定，不得安排其从事过重、有毒、有害等危害未成年人身心健康的劳动或者危险作业。关于"童星"类的未成年人参加商业演出等，《未成年人保护法》第六十一条第四款规定：任何组织或者个人不得组织未成年人进行危害其身心健康的表演等活动。经未成年人的父母或者其他监护人同意，未成年人参与演出、节目制作等活动，活动组织方应当根据国家有关规定，保障未成年人合法权益。未成年人参与到演出与节目制作等活动中，其自身并不具有很好适应的能力，父母及其他监护人应当起好"把关"作用，未成年人的参与应当征求其同意；同时，节目、表演经营者应当尽好保障责任，禁止侵犯未成年人的合法权益，保障内容健康向上，保护参演未成年人的健康发展。

43. 什么是基层自治组织？基层自治组织如何开展未成年人保护工作？

我国《宪法》第一百一十一条规定：城市和农村按居民居住地区设立的居民委员会或者村民委员会是基层群众性自治组织。居民委员会、村民委员会的主任、副主任和委员由居民选举。居民委员会、村民委员会同基层政权的相互关系由法律规定。居民委员会、村民委员会设人民调解、治安保卫、公共卫生等委员会，办理本居住地区的公共事务和公益事业，调解民间纠纷，协助维护社会治安，并且向人民政府反映群众的意见、要求和提出建议。根据《村民委员会组织法》规定，村民委员会是村民自我管理、自我教育、自我服务的基层群众性自治组织，实行民主选举、民主决策、民主管理、民主监督。村民委员会办理本村的公共事务和公益事业，调解民间纠纷，协助维护社会治安，向人民政府反映村民的意见、要求和提出建议。村民委员会向村民会议、村民代表会议负责并报告工作。根据《城市居民委员会组织法》规定，居民委员会是居民自我管理、自我教育、自我服务的基层群众性自治组织。不设区的市、市辖区的人民政府或者它的派出机关对居民委员会的工作给予指导、支持和帮助。居民委员会协助不设区的市、市辖区的人民政府或者它的派出机关开展工作。

基层自治组织应当积极履行对特殊未成年人的监护职责。我国《民法典》规定，未成年人的父母已经死亡或者没有监护能力的，在祖父母、外祖父母、兄、姐不能担任监护人时，其他个人或者组织愿意担任监护人的，须经未成年人住所地的居民委员会、村民委员会或者民政部门同意。对监护人的确定有争议的，由被监护人住所地的居民委员会、村民委员会或者民政部门指定监护人，有关当事人对指定不服的，可以向人民法院申请指定监护人；有关当事人也可以直接向人民法院申请指定监护人。没有依法具有监护资格的人的，监护人由民政部门担任，也可以由具备履行监护职责条件的被监护人住所地的居民委员会、村民委员会担任。因发生突发事件等紧急情况，监护人暂时无法履行监护职责，被监护人的生活处于无人照料状态的，被监护人住所地的居民委员会、村民委员会或者民政部门应当为被监护人安排必要的临时生活照料措施。居民委员会、村民委员会、民政部门或者人民法院应当尊重被监护人的真实意愿，按照最有利于被监护人的原则在依法具有监护资格的人中指定监护人。指定监护人前，被监护人的人身权利、财产权利以及其他合法权益处于无人保护状态的，由被监护人住所地的居民委员会、村民委员会、法律规定的有关组织或者民政部门担任临时监护人。《未成年人保护法》第四十三条规定，居民委员会、村民委员会应当设置专人专岗负责未成年人保护工作，协助政府有关部门宣传未成年人保护方面的法律法规，指导、帮助和监督未成年人的父母或者其他监护人依法履行监护职责，建立留守未成年人、困境未成年人的信息档案并给予关爱帮扶。居民委员会、村民委员会应当协助政府有关部门监督未成年人委托照护情况，发现被委托人缺乏照护能力、怠于履行照护职责等情况，应当及时告知未成年人的父母或者其他监护人，并帮助、督促被委托人履行照护职责。

关于留守未成年人救助问题。根据《国务院关于加强农村留守儿童关爱保护工作的意见》的规定，父母或受委托监护人不履行监护职责的，村民委员会、居民委员会要及时予以劝诫、制止。村民委员会、居民委员会要加强对监护人的法治宣传、监护监督和指导，督促其履行监护责任，提高监护能力。村民委员会、居民委员会要定期走访、全面排查，及时掌握农村留守儿童的家庭情况、监护情况、就学情况等基本信息，并向乡镇人民政府（街道办事处）报告，要为农村留守儿童通过电话、视频等方式与父母联系提供便利。建立强制报告机制，村民委员会、居民委员会在工作中发现农村留守儿童脱离监护单独居住生活或失踪、监护人丧失监护能力或不履行监护责任、疑似遭受家庭暴力、疑似遭受意外伤害或不法侵害等情况的，应当在第一时间向公安机关报告。强化监护干预机制，对于监护人将农村留守儿童置于无人监管和照看状态导致其面临危险且经教育不改的，或者拒不履行监护职责六个月以上导致农村留守儿童生活无着的，或者实施家庭暴力、虐待或遗弃农村留守儿童导致其身心健康严重受损的，村民委员会、居民委员会要依法向人民法院申请撤销监护人资格，另行指定监护人。

关于困境未成年人救助问题。《国务院关于加强困境儿童保障工作的意见》规定：村民委员会、居民委员会要设立由村民委员会、居民委员会委员、大学生村官或者专业社会工作者等担（兼）任的儿童福利督导员或儿童权利监察员，负责困境儿童保障政策宣传和日常工作，通过全面排查、定期走访及时掌握困境儿童家庭、监护、就学等基本情况，指导监督家庭依法履行抚养义务和监护职责，并通过村民委员会、居民委员会向乡镇人民政府（街道办事处）报告情况。村民委员会、居民委员会对于发现的困境儿童及其家庭，属于家庭经济贫困、儿童自身残疾等困难情形的，要告知或协助其申请相关社会救助、社会福利等保障；属于家庭监护缺失或监护不当导致儿童人身安全受到威胁或侵害的，要落实强制报告责任；并积极协助乡镇人民政府（街道办事处）、民政部门、妇儿工委办公室和教育、卫生计生、人力资源和社会保障等部门及公安机关、残联组织开展困境儿童保障工作。

44. 未成年人在公共交通等方面应当享有怎样的优惠？

《未成年人保护法》第四十五条规定：城市公共交通以及公路、铁路、水路、航空客运等应当按照有关规定对未成年人实施免费或者优惠票价。城市公共交通，是指在城市人民政府确定的区域内，利用公共汽（电）车（含有轨电车，下同）、城市轨道交通系统和有关设施，按照核定的线路、站点、时间、票价运营，为公众提供基本出行服务的活动。《铁路客运运价规则》规定，学生票可享受硬座客票、加快票和空调票的优惠，学生票票价按相应客票和附加票票价的50%计算。持学生票乘车的学生使用硬卧时，应另收全价硬卧票价，有空调时还应另收半价空调票票价。享受优惠的儿童、学生、伤残军人乘坐市郊、棚车时，仍按硬座半价计算，不再减价。

第五章 网络保护

45. 未成年人上网可能面临哪些风险？

　　共青团中央维护青少年权益部、中国互联网络信息中心（CNNIC）联合发布的《2019年全国未成年人互联网使用情况研究报告》，较全面地反映了当前未成年人网络使用的新特点。当代青少年是名副其实的"网络一代""数字一代"。伴随互联网的快速普及和数字技术的高速发展，网络社会与现实社会已经互嵌交叠而难以分离，未成年人触网年龄和触网率更是呈现出明显的"一低一高"特征。与普通未成年人相比，留守和流动儿童存在网络使用技能偏低、手机游戏偏好明显、更易遭遇不法侵害等问题。因此，应该重点关注的不是未成年人能不能上网的问题，而是能否合理使用的问题，以及不良信息给未成年人带来的身心危害等问题。未成年人上网可能面临的风险是被动接触网络淫秽色情信息和网络暴力信息，表现形式主要是图片、视频、游戏和小说。网络不良信息对未成年人的影响较大，影响未成年人的社会化，容易诱发未成年人违法犯罪。其一，网络不良信息中传播的刺激、兴奋等信息会激发未成年人的好奇心理和尝试心理，耗费未成年人的精力，从而影响未成年人的学习时间和兴趣。其二，网络不良信息传播的是扭曲的价值观念，影响未成年人形成良好的道德品质，使未成年人缺少社会责任感。其三，网络不良信息容易使未成年人沉迷网络，影响与家人（朋友）沟通交流，影响正常的社会交往。网络不良信息容易诱发未成年人违法犯罪。网络不良信息所传播的扭曲的价值观念、偏差的行为模式会影响未成年人的价值判断标准，诱发违法犯罪心理，导致未成年人出现不良行为和犯罪行为。未成年人对网络不良信息危害的认知误区、判断标准偏差是网络不良信息影响未成年人健康成长的重要原因。

46. 如何防止未成年人沉迷网络？

　　《未成年人保护法》第六十八条规定，新闻出版、教育、卫生健康、文化和旅游、网信等部门应当定期开展预防未成年人沉迷网络的宣传教育，监督网络产品和服务提供者履行预防未成年人沉迷网络的义务，指导家庭、学校、社会组织互相配合，采取科学、合理的方式对未成年人沉迷网络进行预防和干预。任何组织或者个人不得以侵害未成年人身心健康的方式对未成年人沉迷网络进行干预。第六十九条至第七十一条就政府、网络服务提供者、学校、家庭对预防未成年人沉迷网络作出规定。此外，第七十五条第四款还规定，网络游戏服务提供者不得在每日二十二时至次日八时向未成年人提供网络游戏服务。

未成年人沉迷网络的原因复杂多样，并非单一成因所主导。首先，未成年人正处于成长发育关键时期，其自身好奇心强、心理不够成熟、自控能力也较差；其次，网络世界信息繁杂、光怪陆离，尤其是网络游戏彻底颠覆娱乐方式，迎合了未成年人的猎奇心理，给其巨大的吸引和诱导；再次，未成年人心理上的缺失，家庭和学校在监护上的缺位，使其在现实世界缺乏关心与认可，转而往虚拟世界寻求刺激与快感；最后，相关保护政策和措施没有得到真正落实，有些网络平台或运营方缺乏社会责任感。

针对防止未成年人沉迷网络的现象，我国近年来出台了一些相关法律文件。2019 年 11 月 5 日，国家新闻出版署发布《国家新闻出版署关于防止未成年人沉迷网络游戏的通知》，从账号实名注册、严格控制游戏时长、规范付费服务、加强行业监管、探索适龄提示制度及树立未成年人正确的网络游戏消费观念和行为习惯等六个方面提出具体举措。2020 年 7 月 13 日，国家网信办发布《关于开展 2020 "清朗"未成年人暑期网络环境专项整治的通知》。此次专项行动重点整治网课学习版块的生态问题，深入清理网站平台未成年人频道的不良动画动漫产品，严厉打击直播、短视频、论坛社区环节等涉未成年人有害信息，从严整治青少年常用浏览器等工具类应用程序恶意弹窗问题，严格管控存在价值导向问题的不良信息和行为，集中整治网络游戏平台防沉迷措施落实不到位等问题，持续大力净化网络环境。《未成年人保护法》新增的"网络保护"一章，对国家有关部门、学校、家庭、网络服务提供者等都提出了要求。

对防止未成年人沉迷网络这一社会治理挑战，仅靠一方力量并不切实际，需要社会、学校、家庭、企业综合施策、协同配合、共建共治。一是加强制度建设。完善防止未成年人沉迷网络的法律法规，使其具有可操作性、可执行性、可督查性、可追溯性，同时相关保护制度的建立健全应与时俱进，充分运用技术手段。例如，探索通过技术手段如人脸识别等，变以往的实名注册为实人注册，避免实名认证及防沉迷系统形同虚设，国家建立统一的未成年人网络游戏电子身份认证系统等；探索实施适时提示制度等互联网企业针对性保护机制，严格限制未成年人网络游戏时长；规范付费制度，建立负面清单，对不严格落实和遵守相关保护举措的企业严格处罚。家庭是预防未成年人沉迷网络的第一道防线。首先，家长要以身作则，以良好的家风潜移默化地施加正面影响；其次，家长要加强对未成年人成长发育的关心关注，加强沟通交流，发现并满足其心理需求；最后，家庭应当加强教育引导，让未成年人意识到网络是一把"双刃剑"，引导孩子适当探索优质游戏放松身心、正确使用网络来获取信息，同时培养拓展孩子丰富的兴趣爱好。二是完善学校保护。学校应当切实担负起监护守护未成年人之责任。在日常学习中，增设网络教育培训课程，引导孩子建立健康绿色上网的理念与意识，积极传授文明上网、正确用网的方式方法；建立心理辅导室，丰富课外活动等，密切关注未成年人成长发育的心理变化，帮助其排解压力，舒缓身心；积极与家长沟通交流，与家庭协调配合，合力履行好监护之责；发现未成年人沉迷网络的，应当及时告知其监护人，共同教育引导。三是加强社会责任。相关企业应当把社会责任放在第一位，开发有益未成年人身心健康的游戏，把防沉迷措施有效落实。作为网络服务提供者，应当严格遵守《未成年人保护法》的相关规定，建立相关身份认证系统、防沉迷系统等；媒体也应当通过舆论对不遵守相关制度举措的企业进行曝光和负面评价，积极发挥舆论作用，敦促社会各界协力做好防止未成年人沉迷网络问题。

47. 如何提高未成年人的网络素养？

《未成年人保护法》第六十四条规定：国家、社会、学校和家庭应当加强未成年人网络素养宣传教育，培养和提高未成年人的网络素养，增强未成年人科学、文明、安全、合理使用网络的意识和能力，保障未成年人在网络空间的合法权益。网络素养，是运用电脑及网络资源来定位、组织、理解和分析信息的能力，是一种适应网络时代的基本能力，具体可包括信息分析评价能力、印象管理能力、道德认知和行动能力、情感体验和审美能力等。伴随网络技术的发展，网络素养的具体内涵也会不断丰富完善。

根据《2019年全国未成年人互联网使用情况研究报告》，尽管我国未成年人互联网普及率已高达93.1%，但在互联网技能学习与应用方面，65.6%的未成年网民主要通过个人摸索学习上网技能。可以看出，我国未成年人的网络素养整体处于相对较低的水平。这与我国缺少网络素养的系统教育密切相关。

缺少网络技能和素养的系统教育，未成年人不懂得如何在正确使用网络服务生活和学习的同时保护自我，容易带来过度沉迷、网络欺诈、网络暴力等很多隐患。而且当前网络环境鱼龙混杂、信息繁多且良莠不齐，提升未成年人的网络素养，使其掌握相当的网络技能，能够正确地使用网络服务生活和学习，已势在必行。我们有必要通过建立多方联动的网络素养教育体系，教育引导未成年人正确、合理、安全地使用互联网，为网络时代的未来奠定基础。具体可做到以下几个方面：

重点发挥学校的教育主体作用，实现"赋权"和"赋能"的有效结合。近年来，网络辅助在线课程学习成为互联网发展的新趋势，有必要将网络素养相关教育内容全面、科学、合理地纳入义务教育基础课程，可以根据未成年人的认知特点，按年级详细划分阶段，有针对性地将网络素养教育的不同内容融入各个年级及学科。同时，进一步在教师培训和继续教育课程中增加网络素养版块，编制相应的教师指导手册，使中小学教师掌握网络素养教育最新的理念及方法。新修订的《未成年人保护法》也提到，学校应当合理使用互联网开展教学活动，这也对学校加强未成年人网络素养的教育提出了要求。

切实发挥家庭的重要辅助功能，配合学校做好相关教育的有效辅助。父母在自身掌握相应网络素养的基础上作出良好的示范，正确合理有节制地使用网络媒介，以身作则、言传身教；同时家长需要注重与未成年人的沟通交流，以未成年人能够理解和接受的方式去关心、"干预"其上网行为，以宽容理解的态度引导其建立良好习惯，掌握相应技能；新修订的《未成年人保护法》要求父母或其他监护人通过在智能终端产品上安装保护软件、选择适合未成年人的服务模式和管理功能等，避免未成年人接触危害或可能影响其身心健康的网络信息。

敦促网络平台及互联网企业承担相应社会责任，增强底线意识，为未成年人提供净化的网络环境，不得让未成年人接触不适宜的游戏或功能；网络平台及相关企业应充分利用产品和技术革新，充分运用技术手段为未成年人的网络素养教育提供便利，比如开发青少年净化版软件、落实防沉迷措施、提升内容发布审核标准、对未成年人使用网络或相关软件进行适度提示和设置操作警示等，打造全环节覆盖的健康网络环境。

加强政府部门监管，汇聚社会各界力量，引导全社会形成良好的网络文化氛围。近年来，我国净网行动在开辟风清气正的网络空间方面卓有成效，接下来应推行政府部门监管的常态化，做到监管不缺位；同时政府应鼓励社会和企业开展未成年人网络素养项目，推动实施绿色网络健康计划，提供热线咨询、指导、评价和预警服务。健全和规范各地未成年人网络素养教育示范基地的建设，营造全社会重视和提升网络素养的良好氛围。

48. 未成年人进行网络创作应当注意什么？

当今时代，未成年人网民数量与占比持续上升，各种网络创作传播平台不断涌现，互联网、短视频 APP 等已经进入未成年人的生活中，成为不可忽视的一部分。而越来越多的未成年人选择利用网络平台进行创作发表来表达自我、彰显个性、沟通交流、传播分享，这已然成为一种不可逆的大势。近期，一位网名为"钟某某"的少年用户在网络软件抖音上发布了一些模仿老师的短视频，因其风格诙谐搞怪、以其亲身经历为脚本引发网友共鸣，得到大量好评，钟某某从而在网络上走红。事情引起了广泛关注，当地教育局作出回应称，学校对钟某某进行了一番教育，希望家长等给予正面引导，尽量拍一些正能量的视频。此后，钟某某将一些视频在平台上主动下架。这一事件作为未成年人网络创作的典型，引人深思。

未成年人的网络创作从法律角度来看，与成年人的网络创作在法律性质上并无本质区别，都拥有知识产权，在受到法律保护的同时也受到法律制约。但是，由于未成年人这一创作主体本身的特殊性，又使得未成年人的网络创作具有区别于普通网络创作的特点，比如未成年人将创作的作品在网络上传播，因其心智不成熟，自我调节能力不够完善，更容易被涉及作品的各类评论影响身心健康发展，尤其是多有负面评价甚至网络暴力的情况；未成年人的自我信息保护意识不强，其发布作品引发网友关注容易被"人肉搜索",泄露其个人信息及隐私等并带来不良后果;未成年人进行网络创作,作品流传广受好评,而学校和社会的包容度不够,则容易损害其创造力、限制其潜能发挥等;未成年人缺乏知识产权保护的意识及相关知识,创作过程中容易遭遇他人侵权、剽窃或无意间侵害了他人知识产权等。

网络为我们提供了更丰富的创作源泉、更多样的分享方式、更广阔的展示平台,未成年人利用网络创作无可厚非,理应得到充分的尊重,受到学校和社会的包容与鼓励。但同时考虑到未成年人作为创作主体的特殊性,应当注意以下几点:第一,要注意知识产权的保护。未成年人进行网络创作的作品,是未成年人个人的知识产权成果,理应受到著作权法的保护。未成年人要有保护自己知识产权的意识,当自己的网络创作遭到他人剽窃、非法使用时,应当及时告知监护人或者学校老师等,并在其监护人等的帮助下,进行维权,比如可以通过诉讼方式向侵权者索赔。第二,要注意避免对他人知识产权的侵害。未成年人在进行网络创作时,要有知识产权保护的意识,掌握知识产权保护必要的知识,充分发挥自身创造力,在运用自身聪明才智创作,表达自我的同时,一定要注意坚持原创,可以合理合法地使用网络上既有的内容服务于自身创作,但一定要注意遵守相关法律法规,避免盗用、剽窃等侵犯他人知识产权的行为。第三,创作的作品要符合公序良俗。未成年人进行网络创作的作品在网络上有可能会传播分享,要遵守法律和道德规范,遵守创作平台的发布规范,符合公序良俗原则的要求,避免内容低俗化、恶趣味化,要远离色情、暴力,在内容上展现青少年阳光开朗、积极向上的一面,传播未成年人应当有的精神风貌。第四,要注意对个人信息及隐私的保护。未成年人进行网络创作时,要加强个人信息及隐私的保护意识,不能在网络上轻易地透露个人信息,以避免被不法分子非法利用;不随意点击、浏览陌生链接,不随意发布真实身份信息;不在创作平台上泄露具体的个人身份信息、个人隐私等。第五,要有节制地利用网络创作,防止网络沉迷。对于自己的网络创作要主动与家长、老师沟通,取得理解与支持。遇到问题主动寻求家长或者老师的帮助与指导。对于网络上好坏掺杂的各类声音或者评价,不要太过在意,提高自身心理素质,在分享交流的过程中保持平常心,避免使自己的身心受到不良评价带来的负面影响。

49. 如何保护网络领域未成年人的个人隐私和个人信息？

《未成年人保护法》第六十三条规定："任何组织或者个人不得隐匿、毁弃、非法删除未成年人的信件、日记、电子邮件或者其他网络通讯内容。除下列情形外，任何组织或者个人不得开拆、查阅未成年人的信件、日记、电子邮件或者其他网络通讯内容：（一）无民事行为能力未成年人的父母或者其他监护人代未成年人开拆、查阅；（二）因国家安全或者追查刑事犯罪依法进行检查；（三）紧急情况下为了保护未成年人本人的人身安全。"2019 年 8 月 22 日，国家互联网信息办公室正式发布《儿童个人信息网络保护规定》（以下简称《规定》），这是我国第一部专门针对未成年人个人信息网络保护的立法，具有里程碑意义。作为一部专门的立法，《规定》对未成年人个人信息进行全生命周期保护，包括收集、存储、使用、转移、披露、删除等环节。主要从以下六个方面着手，来强化对未成年人个人信息的保护：一是要求网络运营者设置未成年人个人信息保护的专门规则、专门协议和专门责任人；二是明确针对未成年人的个人信息进行收集、使用、转移、披露的，实施严格的"同意"规则，须征求其监护人同意，并应当同时提供拒绝选项；三是明确未成年人个人信息保护的"最小原则"，即应当保证收集范围和收集的数量最小、存储期限最短、工作人员的授权最小化；四是确立安全评估制度，网络运营者委托第三方处理未成年人个人信息时，应进行安全评估，确定委托的范围和相应权利责任；五是对删除权和数据泄露通知权等作出细致要求，明确侵害未成年人相关权益（比如网络欺凌等）的信息，监护人有权通知平台删除，未成年人的个人信息数据泄露的，应当及时通知监护人等；六是进一步明确监护人责任，监护人应当教育引导未成年人增强个人信息保护意识和能力。因为未成年人的判断力和控制力相对较弱，所以对于其个人信息的网络保护具有一定的特殊性。并且在实践中，侵犯未成年人个人信息的行为屡见不鲜，带来了很多不良后果，因此该《规定》的出台恰逢其时。当然，该《规定》的出台进一步充实了我国未成年人个人信息网络保护的法律依据，标志着我国未成年人个人信息保护工作进入了一个新阶段。

为了充分发挥《规定》的作用，进一步完善和推进网络领域未成年人个人隐私及信息的保护工作，各方面主体都需要进行相应的调整和配合，具体有以下几个方面：首先，政府部门监管方面。政府监管的主体层级大幅提升，从以往的"省级以上人民政府有关部门"直接提升至"国家互联网信息办公室"，同时，政府部门应当做到严格执法，进一步压实企业责任，对于不落实相关规定内容的网络运营者进行严格查处，对不符合相关规定的企业，作出严格处罚，同时要求其限期采取有效措施，进行整改，消除隐患。政府部门还应加强常态化的监督检查，畅通接受举报的渠道，设立信用档案公示制度。其次，网络运营者企业责任方面。网络运营者应当严格遵守《规定》的相关要求，积极主动开展企业自查，检视以往关于未成年人个人信息保护的规定和做法，建章立制，查漏补缺，设置专门规则、专门协议和专门责任人，确立严格的同意原则，遵守信息收集的最小原则，实施安全评估制度，建立删除权制度等，以配合实现对未成年人个人信息的收集、存储、使用、转移、披露全流程及全周期的加强保护。再次，监护人监护责任方面。未成年人个人隐私和信息之所以容易泄露，一定程度上也是因为未成年人自身防范意识不足、对信息保护重要性的认识不够，因此，家长和老师自身应当主动学习网络安全知识，具备基本的网络保护能力。在此基础上，学校和家庭要强化对未成年人个人隐私及信息保护的思想意识层面和实践操作层面的教育指导，引导其强化个人信息保护意识，掌握充分的个人信息和隐私保护意识，在利用互联网创作、学习和娱乐的同时，避免个人信息和隐私的泄露。最后，互联网行业组织方面。互联网的行业组织、行业协会等，应当充分发挥主观能动性，积极引导推动网络运营者制定未成年人个人信息保护的行业规范、行为准则，加强整个行业的自律，共同为未成年人的健康成长营造一个清朗、安全的网络空间。

50. 网络产品和服务者通过网络收集、使用、保存未成年人信息时，应该注意什么？

《未成年人保护法》第七十二条规定：信息处理者通过网络处理未成年人个人信息的，应当遵循合法、正当和必要的原则。处理不满十四周岁未成年人个人信息的，应当征得未成年人的父母或者其他监护人同意，但法律、行政法规另有规定的除外。未成年人、父母或者其他监护人要求信息处理者更正、删除未成年人个人信息的，信息处理者应当及时采取措施予以更正、删除，但法律、行政法规另有规定的除外。第七十三条规定：

网络服务提供者发现未成年人通过网络发布私密信息的，应当及时提示，并采取必要的保护措施。2019 年 10 月 1 日起正式施行的《儿童个人信息网络保护规定》规定，网络产品和服务者通过网络收集、使用、保存未成年人信息时，应该注意以下事项：第一，严格遵守法律规定，遵循合法、正当、必要原则，事先征得监护人同意。根据《民法典》第一千零三十五条之规定，处理个人信息的，应当遵循合法、正当、必要原则，不得过度处理，并符合征得该自然人或者其监护人同意，但是法律、行政法规另有规定的除外等条件。据此，网络产品和服务的提供者，欲通过网络收集使用和保存未成年人信息，应当取得监护人明示的授权同意，应当审核；2020 年新修订的《未成年人保护法》也明确，处理不满十四周岁未成年人个人信息的，应当征得其父母或者其他监护人同意，但法律、行政法规另有规定的除外；征得监护人同意已成为最基本的要求。第二，充分利用技术手段，提示未成年人保护其个人信息，并对其使用个人信息施加保护性限制。网络产品和服务提供者应当充分利用技术手段，包括未成年人个人身份认证系统等，严格审核和确认使用人是否系未成年人，在相关产品和服务的明显位置给予未成年人保护个人信息的明确提示，并对其网络浏览、软件下载或使用过程中施加使用个人隐私和个人信息的有效限制。第三，建立健全未成年人个人信息保护的相关内部规章制度。网络产品和服务者应当设置并建立健全相关规章制度，包括但不限于：设置专门规则、专门协议和专门责任人；确立严格的同意原则；确立信息使用的最小原则；建立未成年人个人信息安全评估制度；完善删除权制度等。第四，收集、使用及保存未成年人个人信息之前，进行数据保护安全评估。网络产品和服务的提供者应当对于自身数据处理活动的全流程进行数据保护的安全评估，同时采取一定技术和制度措施有效降低数据丢失或泄露风险，充分保障数据安全；一旦出现数据丢失或泄露，第一时间通知未成年人监护人，同时启动应急机制，积极采取补救措施，防止造成更加严重的后果。第五，显著公示举报途径和方法，畅通举报渠道。网络产品和服务提供者应当结合本单位提供的未成年人相关服务，在相关平台或软件上建立便捷的举报渠道，通过显著方式公示举报途径和举报方法，配备与服务规模相适应的专职人员，及时受理并处置相关举报。新修订的《未成年人保护法》中，也要求网络服务提供者对用户和信息加强管理，发现违法信息或者侵害未成年人的违法犯罪行为及时采取相应的处置措施。

51. 网络产品和服务提供者在保护未成年人方面应履行什么义务？

网络产品和服务提供者在保护未成年人方面应积极承担相关社会责任。《未成年人保护法》第七十四条规定：网络产品和服务提供者不得向未成年人提供诱导其沉迷的产品和服务。网络游戏、网络直播、网络音视频、网络社交等网络服务提供者应当针对未成年人使用其服务设置相应的时间管理、权限管理、消费管理等功能。以未成年人为服务对象的在线教育网络产品和服务，不得插入网络游戏链接，不得推送广告等与教学无关的信息。根据第七十五条规定，网络游戏服务提供者提供的网络游戏应经依法审批后方可运营，应当按照国家有关规定和标准，对游戏产品进行分类，作出适龄提示，并采取技术措施，不得让未成年人接触不适宜的游戏或者游戏功能，且不得在每日二十二时至次日八时向未成年人提供网络游戏服务。此外，第七十六条还对网络直播服务作了特殊规定，网络直播服务提供者不得为未满十六周岁的未成年人提供网络直播发布者账号注册服务；为年满十六周岁的未成年人提供网络直播发布者账号注册服务时，应当对其身份信息进行认证，并征得其父母或者其他监护人同意。在现实场景中，一是要尽到安全保障义务。安全保障义务要求网络产品和服务提供者承担保障网络免受干扰、破坏或者未经授权的访问，防止网络数据泄露、窃取、篡改等义务。网络产品和服务提供者应在内部制定针对未成年人方面的安全管理制度和操作规程，确定网络安全负责人，落实对未成年人的网络安全保护责任。加强技术手段，采取防范计算机病毒和网络攻击、网络侵入等行为。由于未成年人缺乏对网络产品和服务内容的辨别意识，采取监测、记录网络运行轨迹、状态的技术手段，并按照规定留存相关的网络日志。二是尽到内容审核义务。内容审核义务要求网络产品和服务提供者必须按照国家有关规定和标准对涉及未成年人方面的产品和服务进行分类，对内容进行审核。对于"可能诱导未成年人沉迷的内容"必须进行严格界定。在此须明确，凡属于消费型的网络产品和服务功能，都应该设置未成年人禁入模式，因为未成年人尚不能自食其力，其经济来源均源自父母或者其他监护人，如果不对其使用进行合理限制，势必导致其沉迷并有可能诱发未成年人犯罪。对未成年人的需求须进行积极调研，开发出适合未成年人身心健康发展的产品和服务，明确其有义务对未成年人使用时进行内容审核及不良信息屏蔽，使其对未成年人成长所产生的负面作用最小化，使网络产品和服务真正能够起到为未成年人服务的积极作用。三是尽到信息保护义务。信息保护义务要求网络产品和服务提供者须在合理范围内、为特定目的收集关于未成年人的信息。收集、利用个人数据须明确告知未成年人、父母或其他监护人，未经其同意，不得向任何机构和个人提供数据。网络产品和服务提供者要保证未成年人数据安全，对第三人侵犯网络隐私权的行为，要求网络产品和服务提供者尽合理注意义务，收到侵权通知后中止传播义务，并披露侵权人信息。使用未成年人的信息数据等，不能以侵犯未成年人隐私为前提，同时遵守法律对信息数据使用的权利，保持个人数据和保护隐私之间的平衡。对于与未成年人身份密不可分的信息，遵循严格使用、知情同意的原则。四是尽到显著提示义务。显著提示义务要求网络产品和服务提供者在为未成年人提供网络服务时，应安装未成年人网络保护软件或以其他显著方式告知未成年人网络保护软件的安装渠道和方法。在发现未成年人通过网络发布私密信息时，应及时提示，并采取必要的保护措施。不得向未成年人提供诱导其沉迷的产品和服务，以未成年人为服务对象的在线教育网络产品和服务，不得插入网络游戏链接，不得推送广告等与教学无关的信息。网络游戏、网络直播、网络音视频、网络社交等网络服务提供者应当针对未成年人使用其服务设置相应的时间管理、权限管理、消费管理等功能，尤其是网络游戏服务提供者，应对游戏产品进行分类，作出适龄提示，并采取技术手段，不得让未成年人接触不适宜的游戏或游戏功能。

52. 不针对未成年人的网络产品，产品提供者是否需要考虑和关注未成年人？

《未成年人保护法》第六十七条规定：网信部门会同公安、文化和旅游、新闻出版、电影、广播电视等部门根据保护不同年龄阶段未成年人的需要，确定可能影响未成年人身心健康网络信息的种类、范围和判断标准。第六十九条规定：学校、社区、图书馆、文化馆、青少年宫等场所为未成年人提供的互联网上网服务设施，应当安装未成年人网络保护软件或者采取其他安全保护技术措施。智能终端产品的制造者、销售者应当在产品上安装未成年人网络保护软件，或者以显著方式告知用户未成年人网络保护软件的安装渠道和方法。

网络已经占据了未成年人学习和生活中越来越多的时间，也引发了社会对未成年人沉迷网络风险的忧虑。在网络产品中尤其以网络游戏更甚，游戏产品理念背后的激励机制更为复杂，玩游戏也更容易占据未成年人更多的时间和精力。网络游戏为未成年人创造的是一个完整的虚拟世界，让未成年人以与现实世界可能完全不同的方式体验人生，来影响其行为方式和价值观的形成，更容易对未成年人形成控制力。如果没有外力介入或介入的时间和方式不当，未成年人重新获得自主控制的能力就有可能下降甚至完全丧失。此外，在未成年人网络素养普遍处于发展阶段且网络风险意识普遍较为淡薄的情况下，沉迷于游戏又往往容易对未成年人及其家庭的财产安全带来危害。因此网络产品提供者更需要考虑和关注未成年人。

随着电子产品的不断普及，未成年人触网比例显著提升。据统计，有超过80%的未成年人玩网络游戏，60.8%的少年儿童平均每天使用网络时间超过30分钟。因网络游戏时间不限、内容分级不细等原因，60%以上的未成年网游玩家视力下降，30%以上的未成年人在网游中接触到暴力、赌博、色情等违法不良信息。因不良信息的毒害，未成年人违法犯罪率增加。虽然这些网络产品不针对未成年人，但由于未成年人的身心特点，网络产品的提供者都有义务用正确的信息内容、正当的行为方式来引导未成年人。防止网络产品变成受利益支配的商业逐利活动，防止利用网络产品向未成年人传授犯罪方法、传播非法有害信息。因此，网络游戏经依法审批后方可运营，应当要求对未成年人以真实身份信息注册并登录网络游戏，网络游戏服务提供者应对游戏产品进行分类，不得让未成年人接触不适宜的游戏，并且不得在每日二十二时至次日八时向未成年人提供网络游戏服务。网络直播服务提供者不得为未满十六周岁的未成年人提供网络直播发布者账号注册服务；为年满十六周岁的未成年人提供网络直播发布者账号注册服务时，应当对其身份信息进行认证，并征得其父母或者其他监护人同意。

53. 如何避免未成年人接触不适宜的游戏或者网络信息？

《未成年人保护法》第六十四条规定：国家、社会、学校和家庭应当加强未成年人网络素养宣传教育，培养和提高未成年人的网络素养，增强未成年人科学、文明、安全、合理使用网络的意识和能力，保障未成年人在网络空间的合法权益。第六十五条规定：国家鼓励和支持有利于未成年人健康成长的网络内容的创作与传播，鼓励和支持专门以未成年人为服务对象、适合未成年人身心健康特点的网络技术、产品、服务的研发、生产和使用。国家新闻出版署于 2019 年 10 月发布的《国家新闻出版署关于防止未成年人沉迷网络游戏的通知》从实行网络游戏用户账号实名注册制度，严格控制未成年人使用网络游戏时段、时长等方面对防止未成年人沉迷网络游戏作出了具体安排。2020 年 3 月 1 日正式施行的《网络信息内容生态治理规定》中规定网络信息内容生产者应当采取措施，防范和抵制制作、复制、发布能引发未成年人模仿不安全行为和违反社会公德行为、诱导未成年人不良嗜好等的内容。从中可以看出，政府已经在积极采取措施，加强和改进网络游戏管理，营造风清气朗的网络空间。此外，游戏企业必须执行网络游戏和信息分级制度，并由文化和新闻部门审核监管。根据目前社会发展客观实际和网络游戏内容（是否包含暴力内容、不良语言、性内容等），可从早教类、管控类、限制类、禁止类等方面划分，建立统一的未成年人网络游戏电子身份认证系统，实行未成年人登入网游时段、时长监管分级，实行游戏充值限额分级等。首先，就学校方面而言，要进行积极引导。学校应依据不同阶段未成年人的特点要求其合理安排网上时间，避免学生网上时间过长，接触不适宜的游戏或者网络信息，影响身心健康。并且提供情绪指导，开展适当的文体活动和心理疏导活动，发展更多的兴趣爱好，引导学生走出网络空间，调节身心状况，以健康、乐观的心态和积极向上的精神面貌投入学习和生活。其次，父母要做好监督管理工作。在避免接触不适宜的游戏方面，必要的监督管理不能缺失，父母及其他监护人的角色至关重要。接触不适宜的游戏或者网络信息时，父母通常是第一发现的人，因此父母应管好孩子更应该管好自己，控制自己接触游戏的时间，并且多陪伴孩子，创造良好和睦的家庭环境，同时引导未成年人从小养成良好的自律习惯，以及正确使用科技工具的能力。多关注身边的人和事，培养新的兴趣爱好，比如爬山、轮滑、舞蹈等，拓展自己的精神世界。有时候接触不适宜的网络游戏或者信息，是未成年人为了与玩伴有共同话题或者让自己融入集体中，所以应建立正确的社交圈。

54. 当发现网上有不适合未成年人观看或者使用的服务及产品时，应该怎么做？

《未成年人保护法》第六十六条规定：网信部门及其他有关部门应当加强对未成年人网络保护工作的监督检查，依法惩处利用网络从事危害未成年人身心健康的活动，为未成年人提供安全、健康的网络环境。第六十七条至第七十一条就政府、社会、学校、家庭对为未成年人营造健康成长的网络氛围作出了详细规定。一是做好调查准备。对于不适合未成年人观看的服务或者产品，先做好调查工作，搜集服务及产品内容，检验存在不适合观看的网络并记录，进一步了解不适合观看的情况。二是做好自查自纠工作。未成年人及其父母或者其他监护人有权通知网络服务提供者，要求其采取删除、屏蔽、断开链接等措施。网络服务提供者接到通知后，应当及时采取必要的措施处理不适合未成年人观看的服务及产品，防止信息扩散。三是建立完善可行的投诉渠道。网络产品和服务提供者应当建立便捷、合理、有效的投诉和举报渠道，公开投诉、举报方式等信息，及时受理并处理涉及未成年人的投诉、举报。如网络产品、服务的提供者置若罔闻，并不处理，继续发布不适合未成年人观看或者使用的服务或产品时，或者发现涉嫌违法犯罪的网络服务或者产品时，任何组织和个人都有权向网络产品和服务提供者或者网信、公安等部门投诉、举报，防止危害后果的出现。县级以上人民政府应当开通全国统一的未成年人保护热线，及时受理、转介侵犯未成年人权益的投诉、举报。

55. 在网络上侮辱、诽谤、威胁未成年人或者恶意扭曲、损害未成年人形象的，应承担什么责任？

《未成年人保护法》第七十七条规定：任何组织或者个人不得通过网络以文字、图片、音视频等形式，对未成年人实施侮辱、诽谤、威胁或者恶意损害形象等网络欺凌行为。遭受网络欺凌的未成年人及其父母或者其他监护人有权通知网络服务提供者采取删除、屏蔽、断开链接等措施。网络服务提供者接到通知后，应当及时采取必要的措施制止网络欺凌行为，防止信息扩散。此外，网络产品和服务提供者应当建立便捷、合理、有效的投诉和举报渠道，公开投诉、举报方式等信息，及时受理并处理涉及未成年人的投诉、举报。任何组织或者个人发现网络产品、服务含有危害未成年人身心健康的信息，有权向网络产品和服务提供者或者网信、公安等部门投诉、举报。

根据法律规定，在网络上侮辱、诽谤、威胁未成年人或者恶意扭曲、损害未成年人形象的，一是要承担民事责任。在网络上侮辱、诽谤、威胁未成年人或者恶意扭曲、损害未成年人形象的，如对未成年人的人身权利和财产权利造成损害的，还应当承担相应的民事责任。承担民事责任的方式有停止侵害、排除妨碍、赔偿损失、消除影响、恢复名誉、赔礼道歉等。以上民事责任形式，可以单独使用，也可以合并使用。二是要承担行政责任。网络产品和服务提供者违反提示义务，或未对游戏产品进行分类，作出适龄提示的，由公安、网信、电信、新闻出版、广播电视等有关部门按照职责分工责令改正，给予警告，没收违法所得，并处罚款，对直接负责的主管人员和其他责任人员处以罚款；拒不改正或者情节严重的，并可以责令暂停相关业务、停业整顿、关闭网站、吊销营业执照或者吊销相关许可证。三是要承担刑事责任。在网络上侮辱、诽谤、威胁未成年人或者恶意扭曲、损害未成年人形象的，比如公然贬损他人人格，破坏他人名誉，情节严重的行为或故意捏造并散布虚构的事实，足以贬损他人人格，破坏他人名誉，情节严重的行为。四是构成犯罪的，还应当依照《刑法》的有关规定追究相应的刑事责任。在这里，2013 年 9 月 6 日公布的《最高人民法院、最高人民检察院关于办理利用信息网络实施诽谤等刑事案件适用法律若干问题的解释》中将以下几个情形认定为情节严重：（1）同一诽谤信息实际被点击、浏览次数达到五千次以上，或者被转发次数达到五百次以上的；（2）造成被害人或者其近亲属精神失常、自残、自杀等严重后果的；（3）二年内曾因诽谤受过行政处罚，又诽谤他人的；（4）其他情节严重的情形。

例如，罗某笑一案中被告为了加大网站的访问量和浏览量，擅自转载具有一定负面内容的文章，并没有尽到审慎义务，没有经过原告李某（未成年人）和李父的同意，并擅自使用李某和李父的照片作为配图，构成了对原告肖像权的侵害。另被告转载的文章使公众误以为李某和李父就是罗某笑和罗某，导致李某和李父在网上被攻击谩骂，社会评价降低，侵犯了原告的名誉权。法院考虑到原告李某是未成年人，受到了一定程度的负面影响和精神痛苦，最终判决被告公司删除转载的两篇文章，并发表致歉声明，赔偿精神损害抚慰金 1 万元、经济损失 3000 元。从这起典型的网络服务提供者利用公共事件侵犯未成年人权益的案件中可以看出，在网络上侮辱、诽谤、威胁未成年人或者恶意扭曲、损害未成年人形象的，应承担相应的法律责任。

56. 什么是网络欺凌？对未成年人有何危害？

网络欺凌，是指利用互联网，通过短信、电话、邮件、照片、视频、聊天室和网站等方式进行的欺凌，是一种新型的欺凌类型方式。网络欺凌所涉及的形式包括通过数字平台，如社交网站、聊天室、博客、即时消息应用程序和短信，以文字、图片或音视频等形式发布电子信息，意图对他人进行骚扰、威胁、排挤或散布关于他人的谣言。这些行为大部分是以匿名的形式实施的。

与传统欺凌行为相比，网络欺凌对未成年人的危害更大。这是因为，网络欺凌可以在网上迅速而广泛地传播，且对于涉及其中的所有人而言，这些伤害性的信息都难以真正彻底删除。与线下欺凌不同，网络欺凌可能永远跟随着受害者，使他们长期笼罩在焦虑的阴影中。

网络欺凌对受害者有许多负面影响，它可能导致情绪困扰、抑郁和学校暴力。从网络欺凌实施者角度来说，许多参与欺凌行为的年轻人，往往都有情感和现实社交困难问题，通过实施网络欺凌来错误地宣泄自己的情绪，逐渐与现实生活脱节，产生心理上的障碍。未成年人无论是作为欺凌者，还是被欺凌的对象，都遭受身心健康的负面影响。相关数据显示，至少一半的未成年人都经历过网络欺凌事件，未成年人网络欺凌日渐频发的问题亟待解决。

57. 如何应对未成年人网络欺凌现象？

如何正确应对未成年人网络欺凌现象是一个社会问题，家长、学校、政府部门、基层组织及网络运营商都应承担起相应的责任，也应当依据未成年人在网络欺凌现象中承担的角色来分情况应对网络欺凌现象。

针对未成年人为网络欺凌的实施者。第一，家长应当积极承担监管责任和教育引导义务。根据《未成年人保护法》第十六条、第十七条之规定，家长应关注未成年人的生理、心理状况和情感需求，教育和引导未成年人遵纪守法，养成良好的思想品德和行为习惯；预防和制止未成年人的不良行为，并进行合理管教；不得放任、教唆未成年人欺凌他人。当家长发现未成年人有网络欺凌他人的行为时，应当及时制止，积极消除对他人的负面影响，厘清行为背后的原因，加强对其守法意识的教育，帮助其改变不良习惯，引导其养成良好的思想品德和行为习惯。若已对他人造成损失，家长应当主动担当，积极赔偿，让未成年人更好地意识到其行为的不法性与严重性。第二，学校应当建立网络欺凌防控工作制度，防止学生成为网络欺凌实施者。根据《未成年人保护法》第三十九条之规定，学校对教职员工、学生等开展防治学生欺凌的教育和培训。学校对学生网络欺凌行为应当立即制止，通知实施欺凌和被欺凌未成年学生的父母或者其他监护人参与欺凌行为的认定和处理；对相关未成年学生及时给予心理辅导、教育和引导；对相关未成年学生的父母或者其他监护人给予必要的家庭教育指导。对实施网络欺凌的未成年学生，学校应当根据欺凌行为的性质和程度，依法加强管教。对严重的网络欺凌行为，学校不得隐瞒，应当及时向公安机关、教育行政部门报告，并配合相关部门依法处理。第三，政府部门和基层组织应当主动发挥职能作用，帮助实施网络欺凌的未成年人改正自身行为。居民委员会、村民委员会应当设置专人专岗负责未成年人保护工作，对具有网络欺凌行为的未成年人给予帮助，通过心理疏导等方式改正未成年人不当行为，若发现未成年人实施欺凌行为是因为缺乏监护人对其教育管理，相关部门及组织应当主动跨前一步，督促监护人履行监护义务。第四，网络运营商应通过技术手段加强对未成年人网络行为的监管，当发现未成年人有网络欺凌的不良行为时，应当通过技术手段予以制止，并将该情况及时告知家长、学校及相关部门。

针对未成年人为网络欺凌的受害者。第一，家长应当肩负起对未成年人的监护责任，防止未成年人遭受网络欺凌。当未成年人遭受他人的网络欺凌时，作为监护人，应当帮助未成年人拿起法律武器，采取报警、提起诉讼等形式来进行维权；积极与网络运营商联系，积极防止对未成年人侵害行为的扩大；实时关注未成年人的心理变化，及时对未成年人进行心理疏导。第二，学校应当将反网络欺凌纳入日常课程中，教育未成年人欺凌他人的危害性，让学生能够认识到网络欺凌他人的非法性、不道德性。根据《未成年人保护法》第三十九条之规定，学校应对教职员工、学生等开展防治学生欺凌的教育和培训。当发现学生正在遭受网络欺凌，未成年人身心健康受到侵害、疑似受到侵害或者面临其他危险情形的，应当立即向公安、民政、教育等有关部门报告。第三，政府和基层组织发现未成年人遭受网络欺凌时，应当履行对网络平台的监管责任，督促网络平台积极采取措施。并在必要的情况下，对受害者提供法律援助、心理疏导等帮助，保障未成年人身心健康及合法权益不在网络欺凌事件中受损。第四，网络平台应当建立未成年人保护机制，积极配合家长、学校、政府部门对未成年人的保护工作。根据《未成年人保护法》第七十七条之规定，任何组织或者个人不得通过网络以文字、图片、音视频等形式，对未成年人实施侮辱、诽谤、威胁或者恶意损害形象等网络欺凌行为。遭受网络欺凌的未成年人及其父母或者其他监护人有权通知网络服务提供者采取删除、屏蔽、断开链接等措施。网络服务提供者接到通知后，应当及时采取必要的措施制止网络欺凌行为，防止信息扩散。

58. 如何预防未成年人网络犯罪？

网络犯罪是一种新型的智能犯罪方式，随着未成年人接触电脑、手机等智能工具越来越早，许多未成年人由于缺乏正确知识的引导，也极有可能实施网络犯罪。在其他类型的未成年人犯罪案件稳中有降的情况下，网络引发的未成年人犯罪案件却大幅上升，这不能不引起我们警惕。我国有近1亿网民，其中，35岁以下的青少年占82%，未成年人占17.3%，网络引发的未成年人犯罪案件应该引起高度重视。

未成年人涉及的网络犯罪，主要有以下几种：一是通过网络侵犯信息权益的犯罪。利用计算机网络侵犯国家机密、商业机密，恶意盗取他人信息、隐私等信息犯罪。计算机记录及储存功能非常强大，随着网际网络的迅速兴起，个人数据的搜集与利用更为方便和快捷。网络信息化社会日渐形成，人们对科技手段的依赖性越来越强，个人隐私逐渐暴露于公众面前，隐私被侵犯的可能性大大增加。许多未成年人在掌握计算机技术后，因法律意识淡薄，出于猎奇心理，采用技术手段盗取他人信息，最终触犯刑法，走上犯罪道路。二是制造、传播计算机病毒。未成年人在网络上散布计算机病毒的犯罪日益猖獗。有些病毒具有攻击性和破坏性，可能破坏他人的计算机设备、档案。未成年人因为心智不成熟，若进行制造、传播计算机病毒，破坏他人计算机系统，可能会给他人造成巨大的经济损失。三是通过网络进行诈骗。网络诈骗是指以非法占有为目的，通过网络虚假事实来侵占他人财物。四是通过网络进行盗窃。例如，未成年人盗取他人游戏账户，来获取他人在游戏中的虚拟财产。五是通过网络传播不实信息。情节严重的，可能构成诽谤罪、寻衅滋事罪。

未成年人网络犯罪的原因，可分为内部原因和外部原因。就内部原因来看，未成年人因自身心智不健全，法律意识淡薄，易受到网络上涉黄、涉暴力信息的蛊惑，无法厘清现实世界与网络世界的区别，加上部分未成年人正处于叛逆期，内心极度渴望自由，在缺乏外部约束和管教的时候，极其容易走上违法犯罪道路。就外部原因来看，第一，部分家长和学校疏于对未成年人的关心和管教，导致未成年人长期沉迷网络，并长期接触负面信息，致其内心空虚，未能规范自身的行为。第二，互联网上充斥着各种负面信息，这些信息极大程度上诱导着未成年人走上犯罪道路。

根据未成年人网络犯罪类型及成因，预防未成年人犯罪应当采取以下措施：

第一，家庭应当给予未成年人足够的关心，拓展未成年人的兴趣爱好，避免未成年人过度沉迷网络，注意提高未成年人的网络素养。我国未成年人的网络使用状况呈现低龄化、重度化、娱乐化、危险化等特征。相较成年人而言，未成年人正处于价值观形成的初期阶段，心理认知缺陷、社会经验不足以及行为控制能力较弱等原因导致其极易受到网络负面内容的诱导，以至于走上违法犯罪道路。因此，未成年人的家长应当注重提高自身网络素养，并教育、引导、监督未成年人正确使用互联网，拒绝暴力、色情等不良网络信息和网络游戏产品，及时发现、制止和矫正未成年人不当的网络使用行为。根据《未成年人保护法》第七十一条规定，未成年人的父母或者其他监护人应当提高网络素养，规范自身使用网络的行为，加强对未成年人使用网络行为的引导和监督。未成年人的父母或者其他监护人应当通过在智能终端产品上安装未成年人网络保护软件、选择适合未成年人的服务模式和管理功能等方式，避免未成年人接触危害或者可能影响其身心健康的网络信息，合理安排未成年人使用网络的时间，有效预防未成年人沉迷网络，进而预防未成年人网络犯罪。

第二，学校应当积极引导学生树立正确的人生观、价值观，加强学生的法律意识，引导学生正确地使用网络、利用网络。学校应当将安全、合理使用网络纳入课程教育体系，对未成年学生进行网络安全和网络文明教育，并逐步建立校园网络中心，配备上网辅导人员引导未成年人健康上网，帮助未成年人养成良好的上网习惯。

第三，网信部门及其他有关部门应当加强对未成年人网络保护工作的监督检查，依法打击利用网络从事危害未成年人身心健康的活动，为未成年人提供安全、健康的网络环境。着力打击、取缔非法涉黄、涉暴力的网站、社交软件及网络游戏，净化未成年人的网络空间。

59. 为保护未成年人权益，网络游戏要符合哪些要求？

近年来，网络游戏在满足群众休闲娱乐需要、丰富人民精神文化生活的同时，也出现一些值得高度关注的问题，特别是未成年人沉迷网络游戏、过度消费等现象，对未成年人身心健康和正常学习生活造成不良影响，社会反映强烈。

《未成年人保护法》从保护未成年人权益的角度对网络游戏提出了要求。该法第六十八条规定，新闻出版、教育、卫生健康、文化和旅游、网信等部门应当定期开展预防未成年人沉迷网络的宣传教育，监督网络产品和服务提供者履行预防未成年人沉迷网络的义务，指导家庭、学校、社会组织互相配合，采取科学、合理的方式对未成年人沉迷网络进行预防和干预。任何组织或者个人不得以侵害未成年人身心健康的方式对未成年人沉迷网络进行干预。第七十四条规定，网络产品和服务提供者不得向未成年人提供诱导其沉迷的产品和服务。网络游戏、网络直播、网络音视频、网络社交等网络服务提供者应当针对未成年人使用其服务设置相应的时间管理、权限管理、消费管理等功能。以未成年人为服务对象的在线教育网络产品和服务，不得插入网络游戏链接，不得推送广告等与教学无关的信息。第七十五条规定，网络游戏经依法审批后方可运营。国家建立统 的未成年人网络游戏电子身份认证系统。网络游戏服务提供者应当要求未成年人以真实身份信息注册并登录网络游戏。网络游戏服务提供者应当按照国家有关规定和标准，对游戏产品进行分类，作出适龄提示，并采取技术措施，不得让未成年人接触不适宜的游戏或者游戏功能。网络游戏服务提供者不得在每日二十二时至次日八时向未成年人提供网络游戏服务。

2019 年 10 月 25 日，国家新闻出版署印发《国家新闻出版署关于防止未成年人沉迷网络游戏的通知》，对网络游戏提出了更加细致具体的要求，具体有以下几点：

第一，实行网络游戏用户账号实名注册制度。所有网络游戏用户均须使用有效身份信息方可进行游戏账号注册。网络游戏企业应建立并实施用户实名注册系统，不得以任何形式为未实名注册的新增用户提供游戏服务。对用户提供的实名注册信息，网络游戏企业必须严格按照有关法律法规妥善保存、保护，不得用作其他用途。网络游戏企业可以对其游戏服务设置不超过 1 小时的游客体验模式。在游客体验模式下，用户无须实名注册，不能充值和付费消费。对使用同一硬件设备的用户，网络游戏企业在15 天内不得重复提供游客体验模式。

第二，严格控制未成年人使用网络游戏时段、时长。每日二十二时至次日八时，网络游戏企业不得以任何形式为未成年人提供游戏服务。网络游戏企业向未成年人提供游戏服务的时长，法定节假日每日累计不得超过3 小时，其他时间每日累计不得超过 1.5 小时。

第三，规范向未成年人提供付费服务。网络游戏企业须采取有效措施，限制未成年人使用与其民事行为能力不符的付费服务。网络游戏企业不得为未满十二周岁的用户提供游戏付费服务。同一网络游戏企业所提供的游戏付费服务，十二周岁以上未满十六周岁的用户，单次充值金额不得超过 50 元人民币，每月充值金额累计不得超过 200 元人民币；十六周岁以上未满十八周岁的用户，单次充值金额不得超过 100 元人民币，每月充值金额累计不得超过 400 元人民币。

第四，探索实施适龄提示制度。网络游戏企业应从游戏内容和功能的心理接受程度、对抗激烈程度、可能引起认知混淆程度、可能导致危险模仿程度、付费消费程度等多维度综合衡量，探索对上网出版运营的网络游戏作出适合不同年龄段用户的提示，并在用户下载、注册、登录页面等位置显著标明。有关行业组织要探索实施适龄提示具体标准规范，督促网络游戏企业落实适龄提示制度。网络游戏企业应注意分析未成年人沉迷的成因，并及时对造成沉迷的游戏内容、功能或者规则进行修改。

60. 如何应对新型利用网络侵犯未成年人的犯罪？

随着网络的不断发展，一些不法分子试图钻法律漏洞，利用网络对未成年人进行犯罪。例如 N 市发生的网络猥亵儿童案件。被告人蒋某虚构身份，谎称自己为影视公司员工，在网络上招聘童星，在社交软件上结识

30 余名女童，以检查身材比例和发育状况等为由，诱骗被害人在线拍摄和发送裸照；并谎称需要面试，诱骗被害人通过 QQ 视频聊天裸体做出淫秽动作；对部分女童还以公开裸照相威胁，逼迫对方与其继续裸聊；甚至还将被害人的裸聊视频刻录留存。N 市某区人民检察院以被告人蒋某犯猥亵儿童罪提起公诉。N 市某区人民法院经审理认为，蒋某为满足淫欲，虚构身份，采取哄骗、引诱等手段，借助网络手段，诱使众多女童暴露身体隐私部位或做出淫秽动作，严重侵害了儿童身心健康，其行为已构成猥亵儿童罪，且属情节恶劣，应当依法从重处罚，依法以猥亵儿童罪判处被告人蒋某有期徒刑十一年。判决后，被告人蒋某提出上诉，二审法院经依法审理，裁定驳回上诉，维持原判，判决已发生法律效力。

为应对类似上述案例的新型利用网络侵犯未成年人的犯罪，切实保护未成年人的权益不受他人侵犯，保证未成年人健康快乐地成长，我们应当采取以下措施：

第一，完善相关保护未成年人权益的法律法规，及时弥补法律空白，精准打击新型利用网络侵犯未成年人的犯罪。在上述案例中，被告人蒋某曾在庭审中为自己辩解，认为其行为虽然侵犯了未成年人的权益，但是从刑法条文的规定来看，其行为并不构成猥亵儿童犯罪。由此可见，对于这种新型利用网络侵犯未成年人的犯罪，因法律规定相对空白，罪与非罪之间的界限较为模糊，犯罪分子往往抱有侥幸心理，企图利用法律漏洞，在罪与非罪的界限中徘徊，以此为自己的行为脱罪。因此，对这种新型利用网络侵犯未成年人的犯罪，应当根据互联网发展的具体情况，相关部门主动跨前一步，及时完善法律法规，弥补法律空白，厘清罪与非罪的界限，从而更加精准有力地打击犯罪行为，让不法分子无机可乘。

第二，提高未成年人的自我防范意识，提升未成年人明辨是非的能力。例如上述案例中，犯罪分子利用这些受害人想要迅速成名的心理，以招募小明星为由，收集女童的不雅照片、视频。这些受害人心甘情愿地将照片、视频发给不法分子，归根结底是因为这些未成年人没有意识到将这些照片、视频发给他人的后果，也是因为内心极度想成名而丧失了基本的判断力。因此，对于心智尚未成熟的未成年人，我们在日常的家庭教育、校园教育中，要强化其网络安全意识，增强未成年人在网络上的警觉性，防止未成年人被不法分子利用甚至侵害。

第三，教育未成年人在受到网络不法侵害时，敢于向家长、老师求助。上述案例犯罪分子之所以可以大规模地持续实施犯罪，正是抓住了未成年人面对侵害不敢启齿、羞于启齿的心理，从而肆意妄为。因此，我们要让未成年人明白，无论受到何种侵害，无论是否存在自身错误，家庭、学校和社会都是站在支持他们的一边。让这些受到不法侵害的未成年人敢于向父母、老师以及社会求助，让不法分子无所遁形。未成年人的家长以及学校老师要提升未成年人对他们的信任度，让未成年人愿意把自己的内心真实想法和所遇到的事情与家长和老师分享，避免未成年人在遇到重要的抉择和事情上不愿意与身边人分享，最后因分辨能力有限而遭受不法分子的侵害。与此同时，未成年人的父母、学校老师应当在日常生活、教学中，主动关心未成年人的身心健康，特别要注意未成年人的情绪异常变化。当发现未成年人身心健康受到侵害、疑似受到侵害或者其他合法权益受到侵犯时，应当及时了解情况并采取保护措施；情况严重的，应当立即向公安、民政、教育等部门报告。

61. 发现关于未成年人的网络不良现象，有哪些举报途径？

网上有害信息的清除，不仅需要各级网信办举报部门和各网站切实履行自身责任，更需要依靠广大网民的力量，需要凝聚更多更广的社会共识。做好网络举报工作，协调更多网站畅通网络举报渠道，积极处置有害信息，对净化网络环境，打击未成年人网络不良现象具有巨大的帮助。

发现关于未成年人的网络不良现象，有以下举报途径：

第一，电话举报。发现关于未成年人的网络不良现象，可以拨打"12318"全国文化市场统一举报电话。"12318"统一举报电话于2005年8月1日正式开通。"12318"的设立，是为了进一步加强对文化市场的社会监督，提高文化市场行政执法效率，促进文化市场的健康繁荣发展。它方便了群众对文化经营活动的监督，改变了原来各省、地（市）、县文化行政执法机构都设有举报电话，但由于号码不统一，给群众举报带来很大不便和困难，影响对文化市场违法行为打击力度的状况。调查表明，文化市场查处的大量案件，其线索都来源于群众举报。为全国文化市场开设的统一举报电话"12318"，建立了文化市场长效管理机制，保证了文化市场行政执法工作的顺利开展，维护了文化市场正常经营秩序。除拨打"12318"电话外，发现关于未成年人网络不良现象，还可以选择拨打

"12345"政府服务热线。拨打"12345"可以对公民、法人和其他组织危害群众生命财产安全、危害公共财产安全、影响经济社会发展的违法违规行为进行举报。因此，发现关于未成年人的网络不良现象，也可拨打此电话进行举报。

第二，网站举报。发现关于未成年人的网络不良现象，可登录全国文化市场统一举报平台网站（http：//jbts. mct. gov. cn/）来进行网络举报。同时，为进一步方便群众对文化市场进行监督，加大对侵权盗版、非法演出、假唱、假演奏等文化市场违法违规行为的查处力度，根据国务院《信访条例》，原文化部于2011年4月26日正式开通"12318"全国文化市场举报网站。该网站主要受理涉及娱乐场所、营业性演出、艺术品、网吧、网络音乐等市场的群众举报。公众可直接登录网站，填写举报信息。有关部门安排专人在后台进行处理，并视具体情况进行直接查处或交由省级文化行政部门、文化市场综合执法机构进行查处。公众发现关于未成年人的网络不良现象，还可以登录中央网信办违法和不良信息举报中心进行举报。中华人民共和国国家互联网信息办公室成立于2011年5月，其职责为落实互联网信息传播方针政策和推动互联网信息传播法治建设，指导、协调、督促有关部门加强互联网信息内容管理，负责网络新闻业务及其他相关业务的审批和日常监管，指导有关部门做好网络游戏、网络视听、网络出版等网络文化领域业务布局规划，协调有关部门做好网络文化阵地建设的规划和实施工作，负责重点新闻网站的规划建设，组织、协调网上宣传工作，依法查处违法违规网站，指导有关部门督促电信运营企业、接入服务企业、域名注册管理和服务机构等做好域名注册、互联网地址（IP地址）分配、网站登记备案、接入等互联网基础管理工作，在职责范围内指导各地互联网有关部门开展工作。此外，各地方网信小也有专门网站来收集公众的举报信息。

第三，其他网络产品和服务提供者建立的举报渠道。《未成年人保护法》第七十八条规定，网络产品和服务提供者应当建立便捷、合理、有效的投诉和举报渠道，公开投诉、举报方式等信息，及时受理并处理涉及未成年人的投诉、举报。各网络平台也都开通了平台内的举报渠道，在新闻网站、商业网站、搜索引擎、APP应用程序、论坛贴吧、直播平台等网民日常生活使用频率较高的互联网应用中，如新华网、今日头条、微博、抖音等，均可直接受理网民举报。若网民在网站上发现了有害信息，可以选择直接向该网站举报，相应网站会依法依规处置。比如新浪微博，若发现某条微博涉及未成年人不良现象，可以在本条微博上点击投诉，对该条微博进行举报，平台将在规定的期限内对所举报的内容进行审核并将结果予以反馈。

第六章　政府保护

62. 在未成年人保护工作中，政府与基层自治组织是一种什么样的关系？

在未成年人保护工作中，政府与基层自治组织是一种指导与被指导、支持与被支持、帮助与被帮助、宏观与微观、整体与局部的关系。《村民委员会组织法》规定，乡、民族乡、镇的人民政府对村民委员会的工作给予指导、支持和帮助，但是不得干预依法属于村民自治范围内的事项，村民委员会协助乡、民族乡、镇的人民政府开展工作。《居民委员会组织法》规定，不设区的市、市辖区的人民政府或者它的派出机关对居民委员会的工作给予指导、支持和帮助，居民委员会协助不设区的市、市辖区的人民政府或者它的派出机关开展工作。

在未成年人保护工作中，根据《未成年人保护法》第八十一条规定，县级以上人民政府承担未成年人保护协调机制具体工作的职能部门应当明确相关内设机构或者专门人员，负责承担未成年人保护工作。乡镇人民政府和街道办事处应当设立未成年人保护工作站或者指定专门人员，及时办理未成年人相关事务；支持、指导居民委员会、村民委员会设立专人专岗，做好未成年人保护工作。

在困境未成年人保障工作中，根据《国务院关于加强困境儿童保障工作的意见》，村民委员会、居民委员会要设立由村民委员会委员、居民委员会委员、大学生村官或者专业社会工作者等担（兼）任的儿童福利督导员或儿童权利监察员，负责困境儿童保障政策宣传和日常工作，通过全面排查、定期走访及时掌握困境儿童家庭、监护、就学等基本情况，指导监督家庭依法履行抚养义务和监护职责，并通过村民委员会、居民委员会向乡镇人民政府（街道办事处）报告情况。村民委员会、居民委员会对于发现的困境儿童及其家庭，属于家庭经济贫困、儿童自身残疾等困难情形的，要告知或协助其申请相关社会救助、社会福利等保障；属于家庭监护缺失或监护不当导致儿童人身安全受到威胁或侵害的，要落实强制报告责任，并积极协助乡镇人民政府（街道办事处）、民政部门、妇儿工委办公室和教育、卫生计生、人力资源和社会保障等部门及公安机关、残联组织开展困境儿童保障工作。

在留守未成年人保护工作中，根据《国务院关于加强农村留守儿童关爱保护工作的意见》，把农村留守儿童关爱保护工作作为各级政府重要工作内容，落实县、乡镇人民政府属地责任，强化民政等有关部门的监督指导责任，健全农村留守儿童关爱服务体系和救助保护机制，同时充分发挥村民委员会、居民委员会、群团组织、社会组织、专业社会工作者、志愿者等各方面积极作用，着力解决农村留守儿童在生活、监护、成长过程中遇到的困难和问题，形成全社会关爱农村留守儿童的良好氛围。县级人民政府要切实加强统筹协调和督促检查，结合本地实际制订切实可行的农村留守儿童关爱保护政策措施，认真组织开展关爱保护行动，确保关爱保护工作覆盖本行政区域内所有农村留守儿童。乡镇人民政府（街道办事处）和村民委员会、居民委员会要加强对监护人的法治宣传、监护监督和指导，督促其履行监护责任，提高监护能力。村民委员会、居民委员会要定期走访、全面排查，及时掌握农村留守儿童的家庭情况、监护情况、就学情况等基本信息，并向乡镇人民政府（街道办事处）报告；要为农村留守儿童通过电话、视频等方式与父母联系提供便利。

63. 政府层面哪些主体承担保护未成年人的义务？

《未成年人保护法》第八十一条规定，县级以上人民政府承担未成年人保护协调机制具体工作的职能部门应当明确相关内设机构或者专门人员，负责承担未成年人保护工作。乡镇人民政府和街道办事处应当设立未成年人保护工作站或者指定专门人员，及时办理未成年人相关事务；支持、指导居民委员会、村民委员会设立专人专岗，做好未成年人保护工作。

教育行政部门保护未成年人受教育的权利，各级人民政府应当保障未成年人受教育的权利，并采取措施保障留守未成年人、困境未成年人接受义务教育。对尚未完成义务教育的辍学未成年学生，由教育行政部门责令父母或者其他监护人将其送入学校接受义务教育。教育行政部门应当加强未成年人的心理健康教育，建立未成年人心理问题的早期发现和及时干预机制。

公安机关和其他有关部门依法维护校园周边的治安和交通秩序，设置监控设备和交通安全设施，预防和制止侵犯未成年人合法权益的违法犯罪行为。

卫生健康部门提供卫生保健服务，对未成年人进行卫生保健和营养指导。依法对未成年人的疫苗预防接种进行规范，防治未成年人常见病、多发病，加强传染病防治和监督管理，做好伤害预防和干预，指导和监督学校、幼儿园、婴幼儿照护服务机构开展卫生保健工作。做好未成年人心理治疗、心理危机干预以及精神障碍早期识别和诊断治疗等工作。

民政部门负责未成年人监护问题。未成年人身份不明的；暂时查找不到父母或者其他监护人的；监护人被宣告失踪且无其他人可以担任监护人的；监护人因自身原因或者因发生自然灾害和事故灾难和公共卫生事件等突发事件不能履行监护职责导致未成年人监护缺失的；监护人拒绝或者怠于履行监护职责，导致未成年人处于无人照料的状态的；监护人教唆、利用未成年人实施严重违法犯罪行为，未成年人需要被带离安置的；未成年人遭受监护人严重伤害或者面临严重人身安全威胁，需要被紧急安置的，民政部门应当依法对未成年人进行临时监护。对临时监护的未成年人，民政部门可以采取委托近亲属抚养、家庭寄养等方式进行安置，也可以交由未成年人救助保护机构或者儿童福利机构进行收留、抚养。临时监护期间，监护人确有悔改表现或者重新具备履行监护职责条件的，民政部门可以将未成年人送回监护人抚养。对于无法查明未成年人的父母或者其他监护人的、监护人死亡或者被宣告死亡且无其他人可以担任监护人的、监护人丧失监护能力且无其他人可以担任监护人的、人民法院判决撤销监护人资格并指定由民政部门担任监护人的未成年人，民政部门依法进行长期监护。

64. 政府如何提高家庭教育的质量？

《未成年人保护法》第八十二条规定，各级人民政府应当将家庭教育指导服务纳入城乡公共服务体系，开展家庭教育知识宣传，鼓励和支持有关人民团体、企业事业单位、社会组织开展家庭教育指导服务。有关国家机关和社会组织应当为未成年人的父母或者其他监护人提供家庭教育指导服务。地方人民政府应当培育、引导和规范有关社会组织参与未成年人保护工作，开展家庭教育指导服务，为未成年人的心理辅导、康复救助、监护及收养评估等提供专业服务。

《教育部关于加强家庭教育工作的指导意见》要求,强化学校家庭教育工作指导。具体来说,各地教育部门要切实加强对行政区域内中小学幼儿园家庭教育工作的指导,推动形成政府主导、部门协作、家长参与、学校组织、社会支持的家庭教育工作格局。中小学幼儿园要建立健全家庭教育工作机制,统筹家长委员会、家长学校、家长会、家访、家长开放日、家长接待日等各种家校沟通渠道,逐步建成以分管德育工作的校长、幼儿园园长、中小学德育主任、年级长、班主任、德育课老师为主体,专家学者和优秀家长共同参与,专兼职相结合的家庭教育骨干力量。将家庭教育工作纳入教育行政干部和中小学校长培训内容,将学校安排的家庭教育指导服务计入工作量。丰富学校指导服务内容。各地教育部门和中小学幼儿园要坚持立德树人根本任务,将社会主义核心价值观融入家庭教育工作实践,将中华民族优秀传统家庭美德发扬光大。要举办家长培训讲座和咨询服务,开展先进教育理念和科学育人知识指导;举办经验交流会,通过优秀家长现身说法、案例教学发挥优秀家庭示范带动作用。组织社会实践活动,定期开展家长和学生共同参与的参观体验、专题调查、研学旅行、红色旅游、志愿服务和社会公益活动。以重大纪念日、民族传统节日为契机,通过丰富多彩、生动活泼的文艺、体育等活动增进亲子沟通和交流。及时了解、沟通和反馈学生思想状况和行为表现,营造良好家校关系和共同育人氛围。

发挥好家长委员会作用。各地教育部门要采取有效措施加快推进中小学幼儿园普遍建立家长委员会,推动建立年级、班级家长委员会。中小学幼儿园要将家长委员会纳入学校日常管理,制订家长委员会章程,将家庭教育指导服务作为重要任务。家长委员会要邀请有关专家、学校校长和相关教师、优秀父母组成家庭教育讲师团,面向广大家长定期宣传党的教育方针、相关法律法规和政策,传播科学的家庭教育理念、知识和方法,组织开展形式多样的家庭教育指导服务和实践活动。

共同办好家长学校。各地教育部门和中小学幼儿园要配合妇联、关工委等相关组织,在队伍、场所、教学计划、活动开展等方面给予协助,共同办好家长学校。中小学幼儿园要把家长学校纳入学校工作的总体部署,帮助和支持家长学校组织专家团队,聘请专业人士和志愿者,设计较为具体的家庭教育纲目和课程,开发家庭教育教材和活动指导手册。

中小学家长学校每学期至少组织 1 次家庭教育指导和 1 次家庭教育实践活动。幼儿园家长学校每学期至少组织 1 次家庭教育指导和 2 次亲子实践活动。构建家庭教育社区支持体系。各地教育部门和中小学幼儿园要与相关部门密切配合，推动建立街道、社区（村）家庭教育指导机构，利用节假日和业余时间开展工作，每年至少组织 2 次家庭教育指导和 2 次家庭教育实践活动，将街道、社区（村）家庭教育指导服务纳入社区教育体系。

有条件的中小学幼儿园可以派教师到街道、社区（村）挂职，为家长提供公益性家庭教育指导服务。统筹协调各类社会资源单位。各地教育部门和中小学幼儿园要积极引导多元社会主体参与家庭教育指导服务，利用各类社会资源单位开展家庭教育指导和实践活动，扩大活动覆盖面，推动有条件的地方由政府购买公益岗位。依托青少年宫、乡村少年宫、儿童活动中心等公共服务阵地，为城乡不同年龄段孩子及其家庭提供家庭教育指导服务。鼓励和支持有条件的机关、社会团体、企事业单位为家长提供及时便利的公益性家庭教育指导服务。

给予困境儿童更多关爱帮扶。各地教育部门和中小学幼儿园要指导、支持、监督家庭切实履行家庭教育职责。要特别关心流动儿童、留守儿童、残疾儿童和贫困儿童，鼓励和支持各类社会组织发挥自身优势，以城乡儿童活动场所为载体，广泛开展适合困境儿童特点和需求的家庭教育指导服务和关爱帮扶。

倡导企业履行社会责任，支持志愿者开展志愿服务，引导社会各界共同参与，逐步培育形成家庭教育社会支持体系。

65. 政府如何保护未成年人受教育的权利？

《未成年人保护法》第八十二条规定，各级人民政府应当保障未成年人受教育的权利，并采取措施保障留守未成年人、困境未成年人、残疾未成年人接受义务教育。对尚未完成义务教育的辍学未成年学生，教育行政部门应当责令父母或者其他监护人将其送入学校接受义务教育。第八十五条规定，各级人民政府应当发展职业教育，保障未成年人接受职业教育或者职业技能培训，鼓励和支持人民团体、企业事业单位、社会组织为未成年人提供职业技能培训服务。

未成年人接受教育不仅是未成年人的权利，也是未成年人的义务。

《宪法》规定，中华人民共和国公民有受教育的权利和义务。国家培养青年、少年、儿童在品德、智力、体质等方面全面发展。《义务教育法》规定，国家实行九年义务教育制度。义务教育是国家统一实施的所有适龄儿童、少年必须接受的教育，是国家必须予以保障的公益性事业。实施义务教育，不收学费、杂费。国家建立义务教育经费保障机制，保证义务教育制度实施。凡具有中华人民共和国国籍的适龄儿童、少年，不分性别、民族、种族、家庭财产状况、宗教信仰等，依法享有平等接受义务教育的权利，并履行接受义务教育的义务。各级人民政府及其有关部门应当履行本法规定的各项职责，保障适龄儿童、少年接受义务教育的权利。适龄儿童、少年的父母或者其他法定监护人应当依法保证其按时入学接受并完成义务教育。依法实施义务教育的学校应当按照规定标准完成教育教学任务，保证教育教学质量。社会组织和个人应当为适龄儿童、少年接受义务教育创造良好的环境。国务院和县级以上地方人民政府应当合理配置教育资源，促进义务教育均衡发展，改善薄弱学校的办学条件，并采取措施，保障农村地区、民族地区实施义务教育，保障家庭经济困难和残疾的适龄儿童、少年接受义务教育。国家组织和鼓励经济发达地区支援经济欠发达地区实施义务教育。

66. 针对一些情况特殊的未成年人，如何保障他们的教育？

《未成年人保护法》第八十六条规定，各级人民政府应当保障具有接受普通教育能力、能适应校园生活的残疾未成年人就近在普通学校、幼儿园接受教育；保障不具有接受普通教育能力的残疾未成年人在特殊教育学校、幼儿园接受学前教育、义务教育、职业教育。各级人民政府应当保障特殊教育学校、幼儿园的办学、办园条件，鼓励和支持社会力量举办特殊教育学校、幼儿园。

针对不同的残疾未成年人，采取不同的、最合适的方式选择教育机构，根据残疾未成年人是否具有接受普通教育能力、能否适应校园生活的情况，将残疾未成年人分排在幼儿园、普通学校和特殊教育学校，接受学前教育、义务教育、职业教育。这体现出我国平等保障每一名未成年人的受教育权的态度。

另外，专门教育与我国的教育体系是一体的，是我国教育体系的组成部分，专门学校是法律规定的教育矫治有严重不良行为未成年人的特殊教育机构，专门学校是实施专门教育的主要机构，由此可见，专门教育不仅存在教育的目的，还存在矫正的目的，对未成年人的不良行为进行矫正正是专门学校设置的目标。针对专门学校本身的特殊性，即不良行为未成年人的第一道挽救机制，《未成年人保护法》对其设置、管理等内容非常重视。对于专门学校的设置，采取按需设置、合作设置的方法，鼓励社会力量的加入，县级以上地方人民政府有权根据需要设置专门学校，或者与周边区域合作建设专门学校，政府鼓励和支持社会力量举办或者参与举办专门学校，并由政府加强管理。国务院有关部门按照科学设置、合理布局、形式多样的原则，制订专门学校的发展规划，制订专门学校的办学标准，并建立管理制度和考核评价等规范。可见，政府对于专门学校是非常重视的。因为专门学校的受教育者本身的特殊性，所以我们要保证其受到的教育是科学的、合理的，这才能保证专门教育本身的意义。

残疾人教育实行普及与提高相结合、以普及为重点的方针，保障义务教育，着重发展职业教育，积极开展学前教育，逐步发展高级中等以上教育。《残疾人保障法》规定，政府、社会、学校应当采取有效措施，解决残疾儿童、少年就学存在的实际困难，帮助其完成义务教育。各级人民政府对接受义务教育的残疾学生、贫困残疾人家庭的学生提供免费教科书，并给予寄宿生活费等费用补助；对接受义务教育以外其他教育的残疾学生、贫困残疾人家庭的学生按照国家有关规定给予资助。根据残疾人的身心特征和需要，在进行思想教育、文化教育的同时，加强身心补偿和职业教育；依据残疾类别和接受能力，采取普通教育方式或者特殊教育方式；特殊教育的课程设置、教材、教学方法、入学和在校年龄，可以有适度弹性。普通教育机构对具有接受普通教育能力的残疾人实施教育，并为其学习提供便利和帮助。普通小学、初级中等学校必须招收能适应其学习生活的残疾儿童、少年入学；普通高级中等学校、中等职业学校和高等学校必须招收符合国家规定的录取要求的残疾考生入学，不得因其残疾而拒绝招收；拒绝招收的，当事人或者其亲属、监护人可以要求有关部门处理，有关部门应当责令该学校招收。普通幼儿教育机构应当接收能适应其生活的残疾幼儿。残疾幼儿教育机构、普通幼儿教育机构附设的残疾儿童班、特殊教育机构的学前班、残疾儿童福利机构、残疾儿童家庭，对残疾儿童实施学前教育。初级中等以下特殊教育机构和普通教育机构附设的特殊教育班，对不具有接受普通教育能力的残疾儿童、少年实施义务教育。高级中等以上特殊教育机构、普通教育机构附设的特殊教育班和残疾人职业教育机构，对符合条件的残疾人实施高级中等以上文化教育、职业教育。提供特殊教育的机构应当具备适合残疾人学习、康复、生活特点的场所和设施。政府有关部门、残疾人所在单位和有关社会组织应当对残疾人开展扫除文盲、职业培训、创业培训和其他成人教育，鼓励残疾人自学成才。

67. 政府是如何保护婴儿的权利的？

《未成年人保护法》第八十四条规定，各级人民政府应当发展托育、学前教育事业，办好婴幼儿照护服务机构、幼儿园，支持社会力量依法兴办母婴室、婴幼儿照护服务机构、幼儿园。县级以上地方人民政府及其有关部门应当培养和培训婴幼儿照护服务机构、幼儿园的保教人员，提高其职业道德素质和业务能力。

关于母婴健康问题，《母婴保健法》规定，各级人民政府应当采取措施，加强母婴保健工作，提高医疗保健服务水平，积极防治由环境因素所致严重危害母亲和婴儿健康的地方性高发性疾病，促进母婴保健事业的发展。县级以上地方人民政府卫生行政部门管理本行政区域内的母婴保健工作。省、自治区、直辖市人民政府卫生行政部门指定的医疗保健机构负责本行政区域内的母婴保健监测和技术指导。医疗保健机构按照国务院卫生行政部门的规定，负责其职责范围内的母婴保健工作，建立医疗保健工作规范，提高医学技术水平，采取各种措施方便人民群众，做好母婴保健服务工作。

《国务院办公厅关于促进3岁以下婴幼儿照护服务发展的指导意见》规定，地方各级政府要按照标准和规范在新建居住区规划、建设与常住人口规模相适应的婴幼儿照护服务设施及配套安全设施，并与住宅同步验收、同步交付使用；老城区和已建成居住区无婴幼儿照护服务设施的，要限期通过购置、置换、租赁等方式建设。鼓励通过市场化方式，采取公办民营、民办公助等多种方式，在就业人群密集的产业聚集区域和用人单位完善婴幼儿照护服务设施。鼓励地方各级政府采取政府补贴、行业引导和动员社会力量参与等方式，在加快推进老旧居住小区设施改造过程中，通过做好公共活动区域的设施和部位改造，为婴幼儿照护创造安全、适宜的环境和条件。各地要根据实际，在农村社区综合服务设施建设中，统筹考虑婴幼儿照护服务设施建设。发挥城乡社区公共服务设施的婴幼儿照护服务功能，加强社区婴幼儿照护服务设施与社区服务中心（站）及社区卫生、文化、体育等设施的功能衔接，发挥综合效益。支持和引导社会力量依托社区提供婴幼儿照护服务。发挥网格化服务管理作用，大力推动资源、服务、管理下沉到社区，使基层各类机构、组织在服务保障婴幼儿照护等群众需求上有更大作为。加大对农村和贫困地区婴幼儿照护服务的支持，推广婴幼儿早期发展项目。

68. 政府如何保障校园的安全？

《未成年人保护法》第八十七条规定，地方人民政府及其有关部门应当保障校园安全，监督、指导学校、幼儿园等单位落实校园安全责任，建立突发事件的报告、处置和协调机制。第八十八条规定，公安机关和其他有关部门应当依法维护校园周边的治安和交通秩序，设置监控设备和交通安全设施，预防和制止侵害未成年人的违法犯罪行为。

校园安全关系到每一名学生、每一位家长、每一所学校以及整个社会，只有做好校园安全保障，我们才能安心，学生才能受到良好教育。地方人民政府对校园安全的保障，具体体现为政府对于学校、幼儿园等单位的监督、指导，落实校园安全责任，政府针对突发事件要积极果断采取措施，防止事态进一步恶化，及时化解危机，及时处置和协调。校园周边安全需要公安机关和其他有关部门的共同保障，治安和交通秩序是重中之重，监控设备和交通安全设施应当予以合理设置，从而预防和制止侵犯未成年人合法权益的违法犯罪行为。校园周边相比于封闭的校内环境，其安全程度相对较低，政府应进一步提高学校周边的安全程度，保护未成年人合法权益。

国务院办公厅下发的《国务院办公厅关于加强中小学幼儿园安全风险防控体系建设的意见》规定，教育部门要将安全知识作为校长、教师培训的必要内容，加大培训力度并组织必要的考核。教育部门要会同有关部门研究制订学生欺凌和暴力行为早期发现、预防以及应对的指导手册，建立专项报告和统计分析机制。各相关部门和单位要组织专门力量，积极参与学校安全教育，广泛开展"安全防范进校园"等活动。鼓励各种社会组织为学校开展安全教育提供支持，设立安全教育实践场所。完善有关学校安全的国家标准体系和认证制度。不断健全学校安全的人防、物防和技防标准并予以推广。根据学校特点，以保护学生健康安全为优先原则，加强重点领域标准的制订工作，尽快制订一批强制性国家标准，逐步形成有关学校安全的国家标准体系。建立学校安全事项专项认证及采信推广机制，对学校使用的关系学生安全的设施设备、教学仪器、建筑材料、体育器械等，按照国家强制性产品认证和自愿性产品认证规定，做好相关认证工作，严格保证产品质量。探索建立学生安全区域制度。加强校园周边综合治理，在学校周边探索实行学生安全区域制度。在此区域内，依法分别作出禁止新建对环境造成污染的企业、设施，禁止设立上网服务、娱乐、彩票专营等营业场所，禁止设立存在安全隐患的场所等相应要求。在学生安全区域内，公安机关要健全日常巡逻防控制度，加强学校周边"护学岗"建设，完善高峰勤务机制，优先布设视频监控系统，增强学生的安全感；公安交管部门要加强交通秩序管理，完善交通管理设施。

69. 什么是临时监护？

根据《未成年人保护法》第九十二条规定，具有下列情形之一的，民政部门应当依法对未成年人进行临时监护：（1）未成年人流浪乞讨或者身份不明，暂时查找不到父母或者其他监护人；（2）监护人下落不明且无其他人可以担任监护人；（3）监护人因自身客观原因或者因发生自然灾害、事故灾难、公共卫生事件等突发事件不能履行监护职责，导致未成年人监护缺失；（4）监护人拒绝或者怠于履行监护职责，导致未成年人处于无人照料的状态；（5）监护人教唆、利用未成年人实施违法犯罪行为，未成年人需要被带离安置；（6）未成年人遭受监护人严重伤害或者面临人身安全威胁，需要被紧急安置；（7）法律规定的其他情形。第九十三条规定，对临时监护的未成年人，民政部门可以采取委托近亲属抚养、家庭寄养等方式进行安置，也可以交由未成年人救助保护机构或者儿童福利机构进行收留、抚养。临时监护期间，经民政部门评估，监护人重新具备履行监护职责条件的，民政部门可以将未成年人送回监护人抚养。《民法典》第三十一条第三款、第四款规定，依照本条第一款规定指定监护人前，被监护人的人身权利、财产权利以及其他合法权益处于无人保护状态的，由被监护人住所地的居民委员会、村民委员会、法律规定的有关组织或者民政部门担任临时监护人。监护人被指定后，不得擅自变更；擅自变更的，不免除被指定的监护人的责任。可见，临时监护作为针对监护人监护行为的不适格和缺位的情况下，为了避免未成年人的合法权益受到损害，由监护人以外的组织机构承担起临时的监护义务的制度。本次修订的《未成年人保护法》确立未成年人临时监护制度，与 2012 年原《未成年人保护法》第四十三条的规定不同，之前对临时监护的运用仅限于对流浪乞讨等生活无着的未成年人，而现在则是与《民法典》合力构建起临时监护制度，在监护人缺位，未成年人利益陷入风险的情况下，由政府承担监护的角色，达到政府保护未成年人利益的目的。

70. 什么是婴幼儿照护服务机构？

婴幼儿照护服务机构，是指专为婴幼儿提供照护服务的托育机构。2019 年国务院办公厅下发《国务院办公厅关于促进 3 岁以下婴幼儿照护服务发展的指导意见》规定，婴幼儿照护服务发展的基本原则为，家庭为主，托育补充。人的社会化进程始于家庭，儿童监护抚养是父母的法定责任和义务，家庭对婴幼儿照护负主体责任。发展婴幼儿照护服务的重点是为家庭提供科学养育指导，并对确有照护困难的家庭或婴幼儿提供必要的服务。将婴幼儿照护服务纳入经济社会发展规划，加快完善相关政策，强化政策引导和统筹引领，充分调动社会力量积极性，大力推动婴幼儿照护服务发展，优先支持普惠性婴幼儿照护服务机构。按照儿童优先的原则，最大限度地保护婴幼儿，确保婴幼儿的安全和健康。遵循婴幼儿成长特点和规律，促进婴幼儿在身体发育、动作、语言、认知、情感与社会性等方面的全面发展。在地方政府领导下，从实际出发，综合考虑城乡、区域发展特点，根据经济社会发展水平、工作基础和群众需求，有针对性地开展婴幼儿照护服务。

《未成年人保护法》第八十四条规定，各级人民政府应当发展托育、学前教育事业，办好婴幼儿照护服务机构、幼儿园，支持社会力量依法兴办母婴室、婴幼儿照护服务机构、幼儿园。县级以上地方人民政府及其有关部门应当培养和培训婴幼儿照护服务机构、幼儿园的保教人员，提高其职业道德素质和业务能力。相比于 2012 年《未成年人保护法》，新修订的《未成年人保护法》不再使用"托儿所"表述，而是用"婴幼儿照护服务机构"代替，相比之前，婴幼儿照护服务机构功能上较托儿所而言更加丰富，是托儿所随时代发展后的产物。

《未成年人保护法》还新增"支持社会力量依法兴办母婴室、婴幼儿照护服务机构、幼儿园",政府在此方面不仅自身投入未成年人保护工作中,同时也要鼓励社会的各种力量依法参与其中。此外,《国务院办公厅关于促进3岁以下婴幼儿照护服务发展的指导意见》就此作出规定,举办非营利性婴幼儿照护服务机构的,在婴幼儿照护服务机构所在地的县级以上机构编制部门或民政部门注册登记;举办营利性婴幼儿照护服务机构的,在婴幼儿照护服务机构所在地的县级以上市场监管部门注册登记。婴幼儿照护服务机构经核准登记后,应当及时向当地卫生健康部门备案。登记机关应当及时将有关机构登记信息推送至卫生健康部门。地方各级政府要将需要独立占地的婴幼儿照护服务设施和场地建设布局纳入相关规划,新建、扩建、改建一批婴幼儿照护服务机构和设施。城镇婴幼儿照护服务机构建设要充分考虑进城务工人员随迁婴幼儿的照护服务需求。支持用人单位以单独或联合相关单位共同举办的方式,在工作场所为职工提供福利性婴幼儿照护服务,有条件的可向附近居民开放。鼓励支持有条件的幼儿园开设托班,招收二至三周岁的幼儿。各类婴幼儿照护服务机构可根据家庭的实际需求,提供全日托、半日托、计时托、临时托等多样化的婴幼儿照护服务;随着经济社会发展和人民消费水平的提升,提供多层次的婴幼儿照护服务。

71. 什么是家庭寄养?

家庭寄养是对临时监护的未成年人的一种安置措施,《未成年人保护法》第九十三条第一款规定,对临时监护的未成年人,民政部门可以采取委托近亲属抚养、家庭寄养等方式进行安置,也可以交由未成年人救助保护机构或者儿童福利机构进行收留、抚养。2014年民政部制定的《家庭寄养管理办法》第二条规定,家庭寄养,是指经过规定的程序,将民政部门监护的儿童委托在符合条件的家庭中养育的照料模式。第三条规定,家庭寄养应当有利于寄养儿童的抚育、成长,保障寄养儿童的合法权益不受侵犯。《家庭寄养管理办法》还规定,关于寄养的条件为,未满十八周岁、监护权在县级以上地方人民政府民政部门的孤儿、查找不到生父母的弃婴和儿童,可以被寄养,需要长期依靠医疗康复、特殊教育等专业技术照料的重度残疾儿童,不宜安排家庭寄养。寄养家庭应当同时具备下列条件:有儿童福利机构所在地的常住户口和固定住所。寄养儿童入住后,人均居住面积不低于当地人均居住水平；有稳定的经济收入，家庭成员人均收入在当地处于中等水平以上；家庭成员未患有传染病或者精神疾病，以及其他不利于寄养儿童抚育、成长的疾病；家庭成员无犯罪记录，无不良生活嗜好，关系和睦，与邻里关系融洽；主要照料人的年龄在三十周岁以上六十五周岁以下，身体健康，具有照料儿童的能力、经验，初中以上文化程度；寄养儿童的人数不得超过二人，且该家庭无未满六周岁的儿童。

72. 政府和社会层面如何监督家庭寄养？

政府层面，民政部门负责全国家庭寄养监督管理工作。县级以上地方人民政府民政部门负责本行政区域内家庭寄养监督管理工作。根据《家庭寄养管理办法》第二十六条规定，县级以上地方人民政府民政部门应当会同有关部门采取措施，鼓励、支持符合条件的家庭参与家庭寄养工作，对家庭寄养工作负有以下监督管理职责：（1）制定本地区家庭寄养工作政策；（2）指导、检查本地区家庭寄养工作；（3）负责寄养协议的备案，监督寄养协议的履行；（4）协调解决儿童福利机构与寄养家庭之间的争议；（5）与有关部门协商，及时处理家庭寄养工作中存在的问题。县级以上地方人民政府民政部门设立的儿童福利机构负责家庭寄养工作的组织实施，具体包括接受确立寄养关系的申请、评估、审核、培训、签约环节以及解除寄养关系。

儿童福利机构行使职权接受监督。儿童福利机构有下列情形之一的，由设立该机构的民政部门进行批评教育，并责令改正，情节严重的，对直接负责的主管人员和其他直接责任人员依法给予处分：不按照本办法的规定承担职责的；在办理家庭寄养工作中牟取利益，损害寄养儿童权益的；玩忽职守导致寄养协议不能正常履行的；跨省、自治区、直辖市开展家庭寄养，或者未经上级部门同意擅自开展跨县级或者设区的市级行政区域家庭寄养的；未按照有关规定办理手续，擅自与境外社会组织或者个人开展家庭寄养合作项目的。家庭寄养经费必须专款专用，儿童福利机构不得截留或者挪用。儿童福利机构可以依法通过与社会组织合作、通过接受社会捐赠获得资助。与境外社会组织或者个人开展同家庭寄养有关的合作项目，应当按照有关规定办理手续。

第七章　司法保护

73. 司法机关在办理未成年人案件时应当注意些什么？

公安机关、人民检察院、人民法院和司法行政部门在办理涉及未成年人案件时，应当坚持"教育为主，惩罚为辅"的原则，实行"教育、感化、挽救"的方针，履行法定职责，依法保障未成年人合法权益。具体言之，应当着重注意以下几点：

一是应当明确专门机构或者指定专门人员办理。公安机关、人民检察院、人民法院和司法行政部门应当根据实际需要设立专门机构或者指定专门人员负责办理涉及未成年人案件，没有条件的也应当指定相对固定的承办人员。办理涉及未成年人案件的人员应当经过专门培训，熟悉未成年人身心特点和成长规律，善于做未成年人思想教育工作。专门机构或者专门人员中，应当有女性工作人员。

二是应当充分考虑未成年人身心特点和健康成长需要。办理涉及未成年人案件的人员应当使用未成年人能够理解的语言和表达方式，并且听取未成年人及其法定代理人的意见。公安机关、人民检察院、人民法院讯问未成年犯罪嫌疑人、被告人，询问未成年被害人、证人，应当依法通知其法定代理人或者其他合适成年人到场，并采取适当方式，在适当场所进行。人民法院开庭审理涉及未成年人案件，未成年被害人、证人一般不出庭作证，必须出庭的，应当采取保护其隐私的技术手段和心理干预等保护措施。办理未成年人遭受性侵害或者严重暴力伤害案件，在询问未成年被害人、证人时，应当采取同步录音录像等措施，尽量一次完成。询问遭受性侵害的女性未成年被害人，应当由女性工作人员进行。

三是应当坚持不公开原则，注重保障未成年人的隐私和名誉。公安机关、人民检察院、人民法院、司法行政部门在办理涉及未成年人案件时应当坚持以不公开为原则，尊重未成年人的人格尊严，依法保障未成年人的隐私、名誉和其他人格权益，原则上不得公开或者传播涉案未成年人的姓名、影像、住所、就读学校以及其他可能识别出其身份的信息。

四是应当加强社会协作，共同实现对未成年人的教育救助。在司法活动中对需要司法救助的未成年人，公安机关、人民检察院、人民法院和司法行政部门应当给予帮助，依法为其提供司法救助。与此同时，公安机关、人民检察院、人民法院和司法行政部门，应当加强同教育、民政、人力资源和社会保障等政府部门、共青团、妇联、工会等人民团体以及未成年人保护组织等有关社会团体的联系与协作，共同做好未成年人犯罪嫌疑人、被告人和未成年罪犯的救助、教育和改造工作。

对此，《未成年人保护法》第一百零一条规定，公安机关、人民检察院、人民法院和司法行政部门应当确定专门机构或者指定专门人员，负责办理涉及未成年人案件。办理涉及未成年人案件的人员应当经过专门培训，熟悉未成年人身心特点。专门机构或者专门人员中，应当有女性工作人员。公安机关、人民检察院、人民法院和司法行政部门应当对上述机构和人员实行与未成年人保护工作相适应的评价考核标准。第一百零二条规定，公安机关、人民检察院、人民法院和司法行政部门办理涉及未成年人案件，应当考虑未成年人身心特点和健康成长的需要，使用未成年人能够理解的语言和表达方式，听取未成年人的意见。第一百零三条规定，公安机关、人民检察院、人民法院、司法行政部门以及其他组织和个人不得披露有关案件中未成年人的姓名、影像、住所、就读学校以及其他可能识别出其身份的信息，但查找失踪、被拐卖未成年人等情形除外。

74. 如何在司法机关办案过程中保障未成年人的隐私和个人信息？

我国的《未成年人保护法》《预防未成年人犯罪法》《刑事诉讼法》以及公安部和最高人民法院、最高人民检察院作出的办理未成年人案件的司法解释等都明确规定了未成年人享有隐私权。隐私权包括自然人的个人信息、私人空间以及本人不想被他人所知悉的信息等。

未成年人在刑事司法程序中的隐私权保护制度，是指在刑事司法活动的各个阶段，为了保护涉案未成年人的隐私权不受侵犯，保障其健康成长，顺利回归社会，所有参与案件侦查、审理、执行的国家工作人员和其他参与案件办理活动的人员不得向社会大众公布未成年人的姓名、照片、住所、其他家庭成员信息或者其他具有人身识别性能推断出未成年人及其家属确切身份信息等隐私的法律制度。

在侦查阶段，能够对涉案未成年人的信息进行公开的主体有公安机关和人民检察院。如今网络快速发展，一些媒体在案发第一时间接触到案件信息。甚至有的案件还没到公安机关立案，媒体就已经散播出去了。我国的法律法规严格规定了侦查机关在办理未成年人刑事案件中对未成年人隐私权保护的义务。例如，《公安机关办理未成年人违法犯罪案件的规定》第五条、《人民检察院办理未成年人刑事案件的规定》第五条均规定，公安机关、人民法院、人民检察院在办理未成年人刑事案件时要主动保护未成年人的隐私，不能将未成年人的私人信息及可能推断出该未成年人身份信息的资料进行公开和传播。除了对公安机关和检察机关的行为有规定外，《未成年人保护法》《预防未成年人犯罪法》对新闻媒体的职业行为也有规定，《中国新闻工作者职业道德准则》中将维护未成年人等特殊人群的合法权益，注意保护其身心健康，列入新闻工作者的职业道德中。

在审判阶段，我国规定了不公开审理原则和犯罪记录封存制度，以保障未成年人的隐私和个人信息。法律出于对未成年人权利保护的重视，鉴于未成年人的特殊性，对未成年人刑事案件实行不公开审理，保护了未成年人的个人隐私以及名誉，防止因为公开审理而给未成年人带来精神压力和对审判活动的恐惧。有助于使他们认识到自己所犯的罪行，接受教育和挽救，重新回归正常的学习和生活。修订后的《刑事诉讼法》增加了犯罪记录封存制度的规定。除了司法机关进行办案，或者有关机关根据国家规定进行查询以外，被封存的未成年人犯罪记录不得向任何单位或个人提供。《未成年人保护法》第四条中规定，保护未成年人隐私权和个人信息。《刑法修正案（八）》增设第一百条第二款，免除"犯罪的时候不满十八周岁被判处五年有期徒刑以下刑罚的人"前科报告义务。犯罪记录封存和前科报告义务免除是为了保障我国刑事司法活动中未成年人隐私权不受侵害而设立的两项最有力的制度。它们的设立体现了刑事诉讼中教育为主、惩罚为辅的主导思想。这一规定对于未成年犯回归社会、重返学校、就业等具有现实意义，给予未成年人一次改过自新的机会，避免因受过刑罚而被人贴上"罪犯"的标签，被身边的人所歧视和孤立。

75. 经济困难的未成年人如何寻求法律援助和司法救助？

法律援助或司法救助，是指国家为了保障社会成员实现法律所赋予的权利，对某些经济困难和特殊案件的受援人提供法律帮助的一种司法救济制度。我国的法律援助制度自 1994 年 1 月由司法部正式提出，1996 年 3 月 17 日修正通过的《刑事诉讼法》首次以立法的形式将法律援助规定其中。1997 年 1 月 1 日起开始实施的《律师法》对这一制度进一步加以确认。我国参加的《联合国少年司法最低限度标准规则》也确立了向未成年人提供法律援助的原则。

现行《刑事诉讼法》第三十五条第一款中规定，犯罪嫌疑人、被告人因经济困难或者其他原因没有委托辩护人的，本人及其近亲属可以向法律援助机构提出申请。《最高人民法院关于适用〈中华人民共和国刑事诉讼法〉的解释》第三十九条中规定，被告人因经济困难或者其他原因没有委托辩护人的，应当告知其可以申请法律援助；被告人属于应当提供法律援助情形的，应当告知其将依法通知法律援助机构指派律师为其提供辩护。《法律援助条例》第十二条规定："公诉人出庭公诉的案件，被告人因经济困难或者其他原因没有委托辩护人，人民法院为被告人指定辩护时，法律援助机构应当提供法律援助。被告人是盲、聋、哑人或者未成年人而没有委托辩护人的，或者被告人可能被判处死刑而没有委托辩护人的，人民法院为被告人指定辩护时，法律援助机构应当提供法律援助，无须对被告人进行经济状况的审查。"《未成年人保护法》第一百零四条规定："对需要法律援助或者司法救助的未成年人，法律援助机构或者公安机关、人民检察院、人民法院和司法行政部门应当给予帮助，依法为其提供法律援助或者司法救助。法律援助机构应当指派熟悉未成年人身心特点的律师为未成年人提供法律援助服务。法律援助机构和律师协会应当对办理未成年人法律援助案件的律师进行指导和培训。"

具体而言，在下列情况下，未成年人可以获得政府提供的法律援助。一是未成年犯罪嫌疑人、被告人没有委托辩护人的，人民法院、人民检察院、公安机关应当通知法律援助机构指派律师为其提供辩护。二是审判时不满十八周岁的未成年被告人没有委托辩护人的，人民法院应当通知法律援助机构指派律师为其提供辩护。三是未成年被害人及其法定代理人因经济困难或者其他原因没有委托诉讼代理人的，人民法院应当帮助其申请法律援助。四是公民对下列需要代理的事项，因经济困难没有委托代理人的，可以向法律援助机构申请法律援助：依法请求国家赔偿的；请求给予社会保险待遇或者最低生活保障待遇的；请求发给抚恤金、救济金的；请求给付抚养费的；请求支付劳动报酬的；主张因见义勇为行为产生的民事权益的。五是对需要法律援助或者司法救助的未成年人，法律援助机构或者公安机关、人民检察院、人民法院和司法行政部门应当给予帮助，依法为其提供法律援助或者司法救助。

可以看出，现行法律法规对未成年人法律援助的重点体现在未成年人犯罪的刑事案件方面，总体而言，法律援助范围还是较窄，规定也较为笼统，部分法律援助案件未对未成年人和成年人作出区分对待。为了保证未成年人可以在更大范围内获得法律援助，上海市长宁区人民法院出台了《关于涉诉困境未成年人关爱工作实施细则》，建立和完善对涉诉困境未成年人权益案件提供法律援助制度，具体如下：第一，提供法律援助范围是指法院受理的涉及困境未成年人的民事案件和刑事案件。第二，当事人若要求提供法律援助，须向区法律援助中心提出申请，是否同意当事人的申请，由法律援助中心确定。对符合条件案件的当事人，少年庭可主动告知申请法律援助服务。法院应对当事人的申请提供积极的帮助与指示。确定提供法律援助后，法律援助中心可指派法律援助律师，参加涉诉困境未成年人权益案件的审前调解或诉讼工作。法律援助律师应按照法律规定为涉诉困境未成年人提供法律服务，代理词要注意未成年人身心特点。第三，在案件审理过程中的"诉讼引导"活动中，法官可提示法律援助律师帮助当事人正确理解法律，积极履行保护涉诉困境未成年人合法权益的义务。法律援助律师可视情况进行社会调查，并做好记录，形成综合报告，在开庭前向法庭提交。第四，少年庭法官可与法律援助律师共同落实对涉诉困境未成年人当事人开展回访活动，了解民事权益的落实情况，并提供适当的帮助。第五，涉及困境未成年人的民事案件中，如困境未成年人家庭经济状况确实困难的，可向本院提出减免诉讼费用的申请。

76. 什么是未成年人公益诉讼?

公益诉讼可分为民事公益诉讼与行政公益诉讼。现行《民事诉讼法》和《行政诉讼法》分别规定了民事公益诉讼和行政公益诉讼，自2018年3月2日起施行的《最高人民法院、最高人民检察院关于检察公益诉讼案件适用法律若干问题的解释》则对人民检察院提起公益诉讼制度进行了细化与建构。《未成年人保护法》第一百零六条规定了未成年人公益诉讼，亦即未成年人合法权益受到侵犯，相关组织和个人未代为提起诉讼的，人民检察院可以督促、支持其提起诉讼；涉及公共利益的，人民检察院有权提起公益诉讼。因此，未成年人公益诉讼亦相应区分为未成年人民事公益诉讼与未成年人行政公益诉讼。

未成年人民事公益诉讼，是指人民检察院在履行职责过程中发现滥用监护权、雇用童工、校园虐童、向未成年人传播淫秽物品等损害未成年人身心健康和合法权益的违法行为，应当向相关单位提出建议，可以支持起诉，适格单位不提起诉讼的，可以直接提起公益诉讼。

未成年人行政公益诉讼，是指负有未成年人保护监督管理职责的行政机关违法行使职权或者不作为，致使未成年人利益收到重大损害的，应当向行政机关提出检察建议，督促其依法履行职责。该行政机关不依法履行职责的，人民检察院可以向人民法院提起公益诉讼。

在我国司法实践中，与保护未成年人合法权益相关的既有民事公益诉讼，也有行政公益诉讼。前者的典型案例如曾经轰动一时的广州长隆集团儿童票案，是国内第一起未成年人消费权益保护公益诉讼。该案中，广东省消费委员会认为广州长隆集团有限公司存在以身高而非年龄作为未成年人优惠票标准的问题，该标准侵犯了广大未成年人的合法权益，向广州中级人民法院提起民事公益诉讼。后者的典型案例如某区首例未成年人保护行政公益诉讼，河北省检察院某区分院在审查一起涉未成年人刑事案件时发现，三名受害人均系未满十六周岁的鞋厂童工。经调查核实，A县人力资源和社会保障局存在未严格履行法定职责、劳动监管不到位等问题，故该院依法向该局发出检察建议，要求强化劳动监管，严格排查县域内雇用童工情况，如不依法履职，检察院则有权提起行政公益诉讼。

77. 什么是离婚冷静期？

离婚冷静期，是指夫妻离婚时，政府及司法机构强制要求双方暂时分开考虑清楚后再行决定是否离婚的一种制度。根据《民法典》的规定，自婚姻登记机关收到离婚登记申请之日起 30 日内，任何一方不愿意离婚的，可以向婚姻登记机关撤回离婚登记申请。

关于离婚冷静期制度，全国各地法院进行了积极探索，上海市长宁区人民法院《关于开展未成年人与家事审判方式和工作机制改革工作实施方案》明确要求积极运用冷静期制度。区分案件情况，设置冷静期。在冷静期内，根据案件情况开展调查、调解、心理疏导等工作，帮助当事人挽回尚有和好可能的婚姻；对于无和好可能的，让当事人在冷静期内正确思考处理离婚、子女抚养及财产分割等问题。因此在审判实践中，对于首次起诉离婚，但被告不同意离婚，且离婚原因为生活琐事，主要矛盾不大的，往往给予双方三个月的冷静期，同时委托社会组织进行心理咨询与心理调适。从而使得双方能够以更理性的方式处理离婚。对于冷静期后仍坚持要求离婚的，人民法院将在查明相关事实的基础上，根据相关法律，依法作出裁判。

离婚冷静期是为了防止现今社会中出现的大量青年夫妻"冲动型"离婚而设置。对于夫妻提交离婚申请或起诉离婚后，设立一定的冷静期。在冷静期中，夫妻双方对于婚姻慎重考虑，同时相关婚姻家庭咨询机构积极介入，为处在冷静期的夫妻提供辅导，让更多的婚姻得到调适与挽回，从而避免夫妻因一时冲动对于整个家庭造成的冲击与伤害。

78. 离婚案件中如何保障未成年子女的权益？

离婚案件虽然表面上是夫妻双方因感情破裂，而导致的身份关系确认之诉，但离婚案件往往涉及复杂的未成年子女抚养以及共同财产的分割问题，故离婚案件系一种复合之诉。而在离婚案件中，对于子女抚养及探望是该类案件处理中一个重要方面。在离婚案件中，切实保障未成年子女的权益，是保证未成年子女在父母离婚后能够健康成长的重要因素。《未成年人保护法》第二十四条第一款规定，未成年人的父母离婚时，应当妥善处理未成年子女的抚养、教育、探望、财产等事宜，听取有表达意愿能力未成年人的意见。不得以抢夺、藏匿未成年子女等方式争夺抚养权。

关于离婚案件中的子女抚养问题。我国法律规定，父母与子女间的关系，不因父母离婚而消除。离婚后，子女无论由父或母直接抚养，仍是父母双方的子女。离婚后，父母对于子女仍有抚养和教育的权利和义务。离婚后，哺乳期内的子女，以随哺乳的母亲抚养为原则。哺乳期后的子女，如双方因抚养问题发生争执不能达成协议时，由人民法院根据子女的权益和双方的具体情况判决。

对于离婚时子女尚在哺乳期或不满两周岁的，为了保证其正常的生理成长，原则上离婚后随母亲共同生活。但母亲如患有久治不愈的传染性疾病或其他严重疾病，不宜与子女共同生活或者有抚养条件而不尽抚养义务，父亲要求抚养的除外。

对于离婚时子女已满两周岁的，为了保障离婚后未成年人子女的健康成长，人民法院往往依据最有利于未成年人原则，综合考虑未成年人与父母共同生活的现状，父、母各方在离婚后的经济、工作及居住等情况，确定抚养权的归属。另外，需要特别指出的是，为了切实保障未成年人权益，遵从未成年人对于随哪一方共同生活的意思表示，对于年满八周岁的未成年人，人民法院在处理抚养问题时，必须征询其自身意见。

离婚后，不直接抚养子女的一方支付未成年人抚养费。不直接抚养子女的父或母按月或一次性支付抚养费，是保证孩子在离婚后，继续享受父母关心、关爱的重要方式。对于抚养费的金额标准的确定，人民法院主要以不直接抚养一方的收入情况、孩子生活地区的经济水平以及孩子成长的实际需求三个方面相结合后予以确定。

79. 什么是未成年人与成年人的三区分原则？

所谓未成年人与成年人的三区分原则，是指在办理未成年人刑事案件时，对未成年人案件与成年人案件实行诉讼程序分离、分别关押、分别执行。上海市高级人民法院、上海市人民检察院 2006 年联合颁布《关于对未成年人与成年人共同犯罪的案件实行分案起诉、分庭审理的意见》，明确提出人民检察院受理未成年人与成年人共同犯罪的案件，可以将未成年人与成年人分案提起公诉。对于分案起诉的案件，人民法院应当分庭审理。

诉讼程序分离，是指未成年人与成年人共同犯罪或者有牵连的案件，只要不妨碍诉讼，要分案处理。公安机关、人民检察院、人民法院办理未成年人犯罪的案件，应当照顾未成年人身心特点，并可以根据需要设立专门机构或者指定专门人员办理。未成年人和成年人共同犯罪的案件，除了按照法律司法解释规定可以不分案起诉的情形外，未成年人和成年人分案起诉；人民检察院提起公诉的未成年人与成年人共同犯罪案件，不妨碍案件审理的，人民法院应当分案审理。

分别关押，是指对未成年人适用拘留、逮捕等刑事强制措施时，要将未成年人与成年人分别关押看管。公安机关、人民检察院、人民法院对审前羁押的未成年人，应当与羁押的成年人分别看管。对被拘留、逮捕和执行刑罚的未成年人与成年人应当分别关押、分别管理、分别教育。

分别执行，是指对未成年人的已生效判决、裁定的执行，要同成年人分开,不能放在同一场所,以防止成年罪犯对未成年罪犯产生不良影响。在司法实践中,未成年罪犯的执行场所一般为少年犯管教所。对经人民法院判决服刑的未成年人,应当与服刑的成年人分别关押、管理。未成年罪犯在被执行刑罚期间,执行机关应当加强对未成年罪犯的法治教育,对未成年罪犯进行职业技术教育。对没有完成义务教育的未成年罪犯,执行机关应当保证其继续接受义务教育。

80. 对涉未成年人案件的办案人员有什么特殊要求?

未成年人尚处于身心发育时期,心智尚未成熟,情绪不稳定,容易受到外界各种因素的影响,要求涉未成年人案件的办理人员必须在熟稔专业法律知识的基础上,具备相应的心理学、社会学、犯罪学、教育学知识,熟悉未成年人的上述心理特征,善于与其进行沟通,擅长做未成年人的思想工作,能够运用有助于未成年人接受的方式展开办案,最终实现有效保障未成年人合法权益、身心健康,保护和促进未成年人福祉的目的。考虑到女性内心细腻、总体沟通风格较为温婉、易于被未成年人接受等特点,一般认为,涉未成年人案件的办理机构或专门人员中,应有一定比例的女性工作人员。

《联合国少年司法最低限度标准准则》要求所有处理少年案件的人员都要求具有最低限度的法律、社会学、心理学、犯罪学和行为科学的知识。我国历来高度重视涉未成年人案件办案人员的专业特殊性,在诸多法律、法规中均对涉未成年人案件办案人员提出特别要求。

《未成年人保护法》第一百零一条第一款规定:"公安机关、人民检察院、人民法院和司法行政部门应当确定专门机构或者指定专门人员,负责办理涉及未成年人案件。办理涉及未成年人案件的人员应当经过专门培训,熟悉未成年人身心特点。专门机构或者专门人员中,应当有女性工作人员。"

《刑事诉讼法》第二百七十七条第二款规定:"人民法院、人民检察院和公安机关办理未成年人刑事案件,应当保障未成年人行使其诉讼权利,保障未成年人得到法律帮助,并由熟悉未成年人身心特点的审判人员、检察人员、侦查人员承办。"

《最高人民法院关于适用〈中华人民共和国刑事诉讼法〉的解释》第四百六十一条第一款规定:"审理未成年人刑事案件,应当由熟悉未成年人身心特点、善于做未成年人思想教育工作的审判人员进行，并应当保持有关审判人员工作的相对稳定性。"同条第二款还对参与涉未成年人刑事案件审判的人民陪审员的选择加以特别规定："未成年人刑事案件的人民陪审员，一般由熟悉未成年人身心特点，热心教育、感化、挽救失足未成年人工作，并经过必要培训的共青团、妇联、工会、学校、未成年人保护组织等单位的工作人员或者有关单位的退休人员担任。"

2019 年修订的《人民检察院刑事诉讼规则》第四百五十八条规定："人民检察院应当指定熟悉未成年人身心特点的检察人员办理未成年人刑事案件。"

《公安机关办理刑事案件程序规定》第三百一十九条第二款规定："未成年人刑事案件应当由熟悉未成年人身心特点，善于做未成年人思想教育工作，具有一定办案经验的人员办理。"

81. 办理涉未成年人案件需要听取未成年人的意见吗？

《未成年人保护法》第一百零二条对此作出了明确的规定："公安机关、人民检察院、人民法院和司法行政部门办理涉及未成年人案件，应当考虑未成年人身心特点和健康成长的需要，使用未成年人能够理解的语言和表达方式，听取未成年人的意见。"据此，办理涉未成年人案件时，原则上均应听取未成年人的意见，具体而言：

第一，在办理涉未成年人刑事案件时，除《刑事诉讼法》及其司法解释中关于听取当事人意见的相关共性规定外，在下列事项中，亦应当听取未成年人的意见：一是未成年被告人所在学校及未成年人保护组织是否可以派代表到庭审现场。《最高人民法院关于适用〈中华人民共和国刑事诉讼法〉的解释》第四百六十七条第一款规定："开庭审理时被告人不满十八周岁的案件，一律不公开审理。经未成年被告人及其法定代理人同意，未成年被告人所在学校和未成年人保护组织可以派代表到场。到场代表的人数和范围，由法庭决定。到场代表经法庭同意，可以参与对未成年被告人的法庭教育工作。"二是是否适用简易程序。《最高人民法院关于适用〈中华人民共和国刑事诉讼法〉的解释》第四百七十四条规定："对未成年人刑事案件，人民法院决定适用简易程序审理的，应当征求未成年被告人及其法定代理人、辩护人的意见。上述人员提出异议的，不适用简易程序。"

第二，在办理涉未成年人的指定监护人案件时，应当听取并尊重未成年人的意见。《民法典》第三十一条第二款规定："居民委员会、村民委员会、民政部门或者人民法院应当尊重被监护人的真实意愿，按照最有利于被监护人的原则在依法具有监护资格的人中指定监护人。"据此，在办理涉未成年人的指定监护人案件，特别是为年满八周岁、具有限制民事行为能力的未成年人指定监护人时，应当听取该未成年人本人的意见，并在尊重其真实意愿的基础上，按照最有利于未成年子女的原则确定其监护人。

第三，在处理离婚纠纷案件中的未成年子女抚养问题和抚养纠纷案件时，应听取年满八周岁的未成年子女的意见。《民法典》第一千零八十四条第三款规定："离婚后，不满两周岁的子女，以由母亲直接抚养为原则。已满两周岁的子女，父母双方对抚养问题协议不成的，由人民法院根据双方的具体情况，按照最有利于未成年子女的原则判决。子女已满八周岁的，应当尊重其真实意愿。"据此，人民法院在审判原、被告双方就未成年子女抚养问题无法达成协议的离婚案件时，应当听取已满八周岁的未成年子女的意愿，并在尊重其真实意愿的基础上，按照最有利于未成年子女的原则判决。

82. 对担任未成年人的代理人或辩护人有何特殊要求？

律师可以接受未成年当事人及其法定代理人、近亲属的委托或接受法律援助机构的指派，担任未成年人的辩护人或者代理人。未成年人的代理人或者辩护人在办理未成年人案件时，应当考虑到未成年人的生理和心理特点，最大限度地维护未成年人的合法权益。

未成年人的代理人或者辩护人办理未成年人案件，应当熟悉未成年人的身心特点、成长规律及依法享有的应当与成年人分别关押、分别管理、分别教育等特殊权利。未成年人的代理人或者辩护人应当使用未成年人能够理解的语言和表达方式，并且听取未成年人及其法定代理人的意见。询问时应当根据该未成年人的特点和案件情况，采取适宜未成年人的方式进行，用语应当准确易懂，应当告知其依法享有的诉讼权利，告知其如实供述案件事实的法律规定和意义。

未成年人的代理人或者辩护人办理涉未成年人案件，应当了解未成年人的背景信息，维护未成年人的合法权益。应当了解未成年犯罪嫌疑人实施被指控犯罪行为时的年龄是否与其真实年龄相符；与真实年龄不符的，应当向办案机关提出核实其真实年龄的书面申请，进行相关调查。应当了解犯罪嫌疑人性格、成长经历、受教育情况、平时表现及犯罪前后的思想状况、犯罪原因、动机等。

未成年人的代理人或者辩护人办理未成年人案件，除了维护未成年人的基本权利，还应当积极促进对未成年人司法保护措施的实施：被讯问和开庭时法定代理人到场；被采取强制措施或者处以监禁刑时，与成年人分押分管；未成年人和成年人共同犯罪的案件，除了按照法律司法解释规定可以不分案起诉的情形外，未成年人和成年人分案起诉；对开庭审理时未满十八周岁的未成年人不公开审理；自被采取强制措施或被侦查机关第一次讯问之日起，被告知因经济困难无法聘请律师可申请法律援助；开庭审理时未满十八周岁的未成年被告人没有聘请律师的，有权获得指定辩护律师；原则上不得被使用戒具，法庭审理时不得被使用戒具；获得依法从轻、减轻或者免除处罚；一般不得被判处无期徒刑；不得被判处死刑。侦查机关、司法机关没有维护未成年人的上述权利时，律师应当向侦查机关、司法机关提出建议。

未成年人的代理人或者辩护人办理未成年人案件，应当注意保护未成年人的隐私和名誉，尊重未成年人的人格尊严。不得泄露未成年人的个人信息，应当对涉案未成年人的资料予以保密，不得以任何方式公开或者传播，包括涉案未成年人的姓名、住所、照片、图像及可能推断出该未成年人身份的其他资料等。

对此，《未成年人保护法》第一百零四条规定，对需要法律援助或者司法救助的未成年人，法律援助机构或者公安机关、人民检察院、人民法院和司法行政部门应当给予帮助，依法为其提供法律援助或者司法救助。法律援助机构应当指派熟悉未成年人身心特点的律师为未成年人提供法律援助服务。法律援助机构和律师协会应当对办理未成年人法律援助案件的律师进行指导和培训。

83. 什么是社会观护制度？

社会观护制度是人民法院在长期的未成年人审判中探索建立起来的一项新制度。在涉及未成年人的民事权益案件中，主要是指由社会观护组织推荐的合适社会人士，接受人民法院的委托，在部分案件中开展社会调查、协助调解、判后回访等工作的制度。在未成年人民事案件的审判中开展社会观护工作，既是创新司法公正载体的程序性体现，也是少年司法改革的内容之一。

为了更加规范地开展社会观护工作，上海市长宁区人民法院于 2011 年 9 月 9 日会同上海市长宁区妇女联合会、上海市阳光社区青少年事务中心长宁工作站共同出台了《关于在未成年人民事案件中开展社会观护工作规程》，上海市高级人民法院于 2011 年 12 月 22 日出台《上海法院审理未成年人民事、行政案件开展社会观护工作的实施意见》，为社会观护工作提供了制度支持。

未成年人民事案件的社会观护主要分为庭前、庭中、庭后三个阶段。庭前阶段的主要内容为：考察未成年人权益的现状，考察未成年人有无被虐待、遗弃，对未成年人的性格、心理、成长经历和学习生活环境，以及其主要家庭成员和主要社会关系情况进行调查，并将相关情况以书面调查报告形式提交法庭。庭中阶段的主要内容为：社会观护员按法庭要求参加案件的审理，主要是在法庭调查的举证阶段，在庭上宣读调查报告，接受当事人的质询，并说明该报告的调查收集情况，随后若能取得当事人的同意，还可以参加法庭调解。庭后阶段的主要内容为：社会观护员定期对未成年当事人进行跟踪回访，持续观察未成年人的权益状况，了解案件的执行情况，必要时对权益受侵害的未成年人提供援助，并将有关情况向人民法院提交书面报告。

未成年人社会观护工作主要体现了四种成效：一是充分表达未成年人意愿，有效体现未成年人权益特殊优先保护。二是通过引入第三方意见，最大限度地确保法庭查明事实，作出适当判决。三是加强调解力量，实现和谐司法，推进司法公正。四是开展庭后观护，观察裁判效果，实现全程维权。

84. 未成年被害人或证人的保护作证措施有哪些？

证人出庭作证是直接言辞原则的表现，是正确认定事实的内在要求。依据我国《刑事诉讼法》及相关司法解释的规定，证人应当出庭作证，证人证言必须在法庭上经过质证并经查实以后，才能作为定案的根据。未成年人如果能真实表达自己的意思能辨别是非的，对案件情况了解的，可以出庭作证。但是鉴于未成年证人或被害人由于其自身的特点，身心的脆弱性和证言的易错性，给予未成年人特殊保护是非常必要的，故法律规定经人民法院准许的未成年证人，可以不出庭作证。

现行《刑事诉讼法》第六十三条和第六十四条规定了证人的作证保护措施。第六十三条规定，人民法院、人民检察院和公安机关应当保障证人及其近亲属的安全。对证人及其近亲属进行威胁、侮辱、殴打或者打击报复，构成犯罪的，依法追究刑事责任；尚不够刑事处罚的，依法给予治安管理处罚。根据第六十四条的规定，对于危害国家安全犯罪、恐怖活动犯罪、黑社会性质的组织犯罪、毒品犯罪等案件，证人、鉴定人、被害人因在诉讼中作证，本人或者其近亲属的人身安全面临危险的，人民法院、人民检察院和公安机关应当采取以下一项或者多项保护措施：（1）不公开真实姓名、住址和工作单位等个人信息；（2）采取不暴露外貌、真实声音等出庭作证措施；（3）禁止特定的人员接触证人、鉴定人、被害人及其近亲属；（4）对人身和住宅采取专门性保护措施；（5）其他必要的保护措施。证人、鉴定人、被害人认为因在诉讼中作证，本人或者其近亲属的人身安全面临危险的，可以向人民法院、人民检察院、公安机关请求予以保护。第六十五条第一款规定，证人因履行作证义务而支出的交通、住宿、就餐等费用，应当给予补助。证人作证的补助列入司法机关业务经费，由同级政府财政予以保障。虽然该条款并不是针对未成年人作出的具体的保护措施，但是证人中也包括未成年证人，应视为我国法律对未成年被害人或证人作证的保护措施。

加强对未成年证人受害人或证人的保护，对未成年证人的身份、住址等信息严格保密；禁止媒体散布未成年人的图片或照片，对未成年人作证的案件进行不公开审理，最大限度地保护未成年人的身心健康，推进诉讼程序的顺利进行。

2020年11月，中共上海市长宁区委政法委领导区相关政法单位制定了《长宁区未成年人"一站式"取证保护实施细则》，这是首次从侦查阶段对未成年被害人、未成年证人"一站式"取证保护延伸至公诉、审判阶段，并提出根据需要提供经济救助、身心康复、复学就业、法律支持等一系列特殊保护措施。明确规定：询问未成年被害人的办案人员一般应当不着制服，但着装应得体。询问未成年人时应通知法定代理人到场，如果法定代理人不能到场，应当通知其他成年亲属或者合适成年人到场。询问女性未成年被害人的，应当有女性工作人员在场。询问未成年被害人应当采用易于理解和便于表达的方式，视情况确定心理咨询师同步跟进。对于符合法律援助条件的未成年被害人，区法律援助中心指派熟悉未成年人身心特点、具有亲和力和相关未成年人保护经验的女律师。对于需要医疗救助的未成年被害人，在征求法定代理人意见后，及时通知医院启动绿色救助通道，提供医疗救助服务。

85. 在案件审理中，对未成年犯罪嫌疑人或被告人有哪些区别于成年人的要求？

未成年犯罪嫌疑人具有不同于成年犯罪嫌疑人的特殊性，未成年人容易受到不良群体、不良环境的影响，做出某些不合乎法律规范或社会规范的行为，但其本身的主观恶性不大。对于那些故意实施某种违法行为的未成年犯罪嫌疑人，如果社会对这种行为只是惩罚而未加以教育、挽救，可能会造成未成年犯罪嫌疑人的再次犯罪，不利于其重返社会。因此，应着重在司法环节回应区别于成年犯罪嫌疑人及被告人的相关未成年人的特殊要求，为2021年6月1日起正式实施的《未成年人保护法》提供经验积累与有效探索。

一是开展心理疏导。未成年被告人心理和生理尚未完全成熟，可塑性较强，需要用真情擦亮其蒙尘的心灵，用科学的方法对其进行心理疏导，缓解对抗情绪或心理压力，减少诉讼可能给未成年人带来的心理阴影，使之今后更好地融入家庭和社会。

二是开展法律援助。《刑事诉讼法》规定，未成年人犯罪嫌疑人、被告人没有委托辩护人的，人民法院、人民检察院、公安机关应当通知法律援助机构指派律师为其提供辩护。需要积极扩大法律援助受益范围，加强与法律援助机构紧密合作。对未成年被告人因生活困难没有委托律师作为辩护人的，无论可能判处的刑期长短，全面实行指定辩护，并从未成年被告人向刑事附带民事诉讼未成年被害人提供法律援助方向积极推进。

三是开展法庭教育。在坚持把好事实关的同时，为了有效增强法治教育的针对性，在法庭调查和辩论结束后，未成年被告人及其法定代理人、辩护人对犯罪事实无异议且被告人自愿认罪的，即对其进行教育，观其是否有悔罪表现。除此之外，均在判决确认未成年被告人有罪之后进行。法庭教育内容主要有：对未成年被告人进行认罪悔罪教育，增强法律意识和道德观念教育，接受处罚和劳动改造的心理承受力教育以及世界观、人生观、价值观教育，促其重新做人，助其重返社会。长宁区人民法院自1988年10月起就在案件审理程序中增设根据社会调查情况进行法庭教育。在法庭调查和辩论结束后，未成年被告人及其法定代理人、辩护人对犯罪事实无异议且被告人自愿认罪的，即对其进行教育。除此之外，均在判决确认未成年被告人有罪之后进行。

四是准确适用禁止令。《刑法》第七十二条第二款规定："宣告缓刑，可以根据犯罪情况，同时禁止犯罪分子在缓刑考验期限内从事特定活动，进入特定区域、场所，接触特定的人。"2011年5月，在长宁区人民法院受理的计某某等人盗窃案中，长宁区人民法院结合对未成年被告人所做的社会调查报告内容以及被告人犯罪成因的分析，在对未成年被告人计某某判处缓刑、管制的同时，判处其不得与同案犯叶某等人交往，未经社区矫正部门批准，不得在外过夜。本案是全国法院首例在对未成年人判处有期徒刑并宣告缓刑的同时并处禁止令的案件。该项禁令的颁布既具震慑作用，又体现了人性化，实现了判前各方帮教与判后社区矫治"无缝衔接"，提高了禁止令适用效果，为落实帮教改造和回访考察夯实了基础，也为相关类案的处理积累了宝贵经验。

86. 未成年犯罪嫌疑人或被告人的取保候审有什么特殊规定？

我国现行《刑事诉讼法》第六十七条第一款对适用取保候审的情形进行了明确规定，对于有下列情形之一的犯罪嫌疑人、被告人，可以采取取保候审：一是可能判处管制、拘役或者独立适用附加刑的；二是可能判处有期徒刑以上刑罚，采取取保候审不致发生社会危险性的；三是患有严重疾病、生活不能自理，怀孕或者正在哺乳自己婴儿的妇女，采取取保候审不致发生社会危险性的；四是羁押期限届满，案件尚未办结，需要采取取保候审的。第六十八条规定："人民法院、人民检察院和公安机关决定对犯罪嫌疑人、被告人取保候审，应当责令犯罪嫌疑人、被告人提出保证人或者交纳保证金。"对于未成年犯罪嫌疑人或者被告人采取取保候审时，考虑到未成年人没有经济来源，一般采取保证人方式，以减轻监护人的经济压力，也尽量避免未成年犯罪嫌疑人或被告人因经济原因无法获得取保候审的机会。同时，上海市司法机关与相关社会组织积极探索如监护人无法到场，由合适成年人担任保证人的模式。

《刑事诉讼法》吸收了未成年人合法权益保护的合理提议，开辟独立篇章规定了未成年人特别程序，作出了与成年人不同的特殊保护性规定，并在第二百七十七条第一款明确规定："对犯罪的未成年人实行教育、感化、挽救的方针，坚持教育为主，惩罚为辅的原则。"根据第二百八十条规定，对未成年犯罪嫌疑人、被告人应当严格限制适用逮捕措施。2013年修订的《人民检察院办理未成年人刑事案件的规定》第十三条也明确规定："人民检察院办理未成年犯罪嫌疑人审查逮捕案件，应当根据未成年犯罪嫌疑人涉嫌犯罪的事实、主观恶性、有无监护与社会帮教条件等，综合衡量其社会危险性，严格限制适用逮捕措施，可捕可不捕的不捕。"上述这些规定都体现了国家法律对于未成年人的特殊保护，而合适保证人制度的构建，不仅高度契合了上述未成年人特殊刑事立法和政策，还为其实施提供了制度保障。

87. 什么是合适保证人制度？

对于涉罪未成年人而言，大多缺乏经济基础无力交付保证金，主要通过人保的方式被取保候审，但是随着城市化的进程，有许多外来涉罪未成年人，由于在当地无监护人、无固定住所、无经济来源，即便符合取保候审的条件，也经常因为无法提供保证人或交不起保证金而被采取逮捕措施，造成大量未成年人在审前被羁押。这不仅违背了未成年人"少捕、慎诉、少监禁"的刑事政策，也侵害了外来未成年人获得平等保护的权利。

合适保证人制度恰好为上述问题的解决提供了契机。在涉罪未成年人无法提供适格保证人的情况下进行补位救济，代为履行保证人的职责，以解决未成年人符合取保候审条件但由于无法提供保证人或缴纳保证金而不得不被羁押的困境。在合适保证人制度框架下，较大比例的外来涉罪未成年人均有被取保候审的机会，他们的审前羁押率也会随着合适保证人制度的完善逐渐下降，本地的涉罪未成年人和外来涉罪未成年人将享受同城待遇，有力地保障了未成年人平等参与诉讼的权利。

上海司法机关探索借助社会各界力量组建合适保证人队伍，涉罪未成年人无法提供保证人的原因主要是其身边没有监护人或监护人不具备法定的保证资格。针对这样的情况，上海司法机关发挥自身的优势，借鉴域外相关理念，尝试聘用未成年观护基地志愿者、爱心企业负责人、社工站社工、未成年人保护组织代表、大学教师等人员担任合适保证人，在取保候审期间承担监督和管理被保证人的责任。随着合适保证人制度的推进，合适保证人的范围也将日益扩展，将来可以探索将共青团、妇联、关工委相关工作人员陆续加入合适保证人的名单中来，或者尝试以民政局等单位作为合适保证人来履行保证人的职责，以扩大受益涉罪未成年人的范围。如刘某某盗窃案中，上海市某区人民检察院在办理刘某某盗窃一案时，经社会调查发现，刘某某家庭环境特殊，其父母均为智力残障人士，刘某某很小就辍学并外出打工，在上海与他人合租居住，由于公司拖欠工资，他为了维持生活实施了盗窃行为，其被抓后，亲戚朋友以经济贫困、路途遥远为由拒绝来沪。鉴于刘某某的犯罪情节较轻，无前科劣迹，到案后认罪悔罪态度良好，综合评估无羁押必要，上海市长宁区人民法院变更强制措施为取保候审；鉴于刘某某在上海无固定住所，也无法提供适格的保证人，法院与检察机关经协商后，将其安置在爱心企业观护基地，同时邀请观护基地负责人担任其合适保证人，不仅解决了其食宿问题，还为其提供临时的就业岗位，按时发放工资，保证了刘某某的基本生活。观护基地成立了一支由法官、合适保证人、观护基地带教老师、青少年事务社工组成的帮教队伍，在委托青少年事务社工对其进行观护帮教的同时，让合适保证人也参与到对其日常监督管理工作中去，通过定期谈话、带其参加社会活动等方式提高刘某某的思想认识，及时掌握其近况，并与法院定期沟通。刘某某不仅在该企业掌握了多项劳动技能，还养成了读书的好习惯，对自己之前的犯罪行为进行了深刻反思，对未来的生活和工作也进行了规划，为重返社会创造了有利条件。

88. 什么是未成年人轻罪封存记录？

未成年人轻罪封存记录，又称未成年人犯罪记录封存制度。《刑事诉讼法》第二百八十六条对此作出明确规定，即"犯罪的时候不满十八周岁，被判处五年有期徒刑以下刑罚的，应当对相关犯罪记录予以封存。犯罪记录被封存的，不得向任何单位和个人提供，但司法机关为办案需要或者有关单位根据国家规定进行查询的除外。依法进行查询的单位，应当对被封存的犯罪记录的情况予以保密"。

未成年人在生理上和心理上尚未健全，为了保护未成年人的合法权益，弱化和消除社会对未成年人的标签效应，未成年人犯罪记录封存制度应运而生。2008年12月，《中央政法委关于司法体制和工作机制改革若干问题的意见》要求"有条件地建立未成年人轻罪犯罪记录消灭制度",这是我国第一个提出要确立未成年人轻罪犯罪记录封存制度的规范性文件。2009年3月,最高人民法院颁布的《人民法院第三个五年改革纲要(2009—2013)》要求"配合有关部门有条件地建立未成年人轻罪犯罪记录消灭制度"。2010年8月,中央综治委预防青少年违法犯罪工作领导小组、最高人民法院、最高人民检察院、公安部、司法部、共青团中央六部门联合制定的《关于进一步建立和完善办理未成年人刑事案件配套工作体系的若干意见》要求:"对违法和轻微犯罪的未成年人,有条件的地区可以试行行政处罚和轻罪犯罪记录消灭制度。非法定事由,不得公开未成年人的行政处罚记录和被刑事立案、采取刑事强制措施、不起诉或因轻微犯罪被判处刑罚的记录。"2011年,上海高级人民法院制定《关于被判处五年有期徒刑以下刑罚的未成年被告人诉讼档案查阅的规定(试行)》,对未成年人犯罪记录封存制度的适用范围、适用程序、封存文书的内容及格式等作出进一步规定。《刑法修正案(八)》第十九条进一步规定了未成年人轻罪免除报告制度,即"犯罪的时候不满十八周岁被判处五年有期徒刑以下刑罚的人,免除前款规定的报告义务"。

根据法律规定,未成年人犯罪记录封存有以下要件。

封存对象:适用于犯罪时不满十八周岁的未成年人。即使被发现犯罪行为时或是在判决时该人已经年满十八周岁,也不能因此改变对其进行犯罪记录封存的决定,否则也会造成实质上的不公平。

封存条件:根据法律规定,未成年人犯罪记录封存对"被判处五年有期徒刑以下刑罚的"适用,将刑罚的判处年限作为未成年人犯罪轻重程度的判断标准,由法院综合考虑未成年人犯罪的各种情节,作出最终的刑罚判决,对于判处五年以下有期徒刑的,认为罪行较轻,应当进行犯罪记录封存;对于判处五年有期徒刑以上刑罚的,反映出犯罪罪名、情节等较重,法律规定不能适用本制度。需要注意的是,在检察机关作出相对不起诉处理的决定时,案件没有经过法院判决,但此种情况下未成年人仍构成犯罪,属于犯罪行为情节轻微,依照《刑法》规定不需要判处刑罚或者免除刑罚,同样符合"判处五年有期徒刑以下刑罚"的封存条件,应予以封存。

封存内容:未成年人刑事犯罪记录封存制度适用的对象为"犯罪记录"。对于犯罪记录的封存,有两重含义:一是对于记载犯罪事实及刑事诉讼过程的载体封存，也就是司法办案过程中每个环节涉及未成年人犯罪的侦查卷宗、检察卷宗、审判卷宗等对犯罪事实和案件案例情况进行记载的客体及各种法律文书。二是对未成年人发生犯罪事实的信息封存。除了对未成年人犯罪档案材料进行严格保密外，还需要对其曾经犯罪、接受刑事判决的事实进行封存保密。

封存效力如下：（1）犯罪记录限制查询。对未成年人犯罪启动犯罪记录封存后，公检法等保留未成年人档案的相关机关，除法律规定的特殊情况外，不得向任何单位或个人提供或披露未成年人曾经的犯罪记录。（2）前科报告义务免除。有关刑事污点的档案材料只能保存在司法机关，个人或其他单位人事档案及记录均不得显示其刑事污点的存在，本人有拒绝向任何部门、个人陈述的权利，在填写各种表格时，不再填写"曾受过刑事处罚"的字样。（3）刑事法律后果不变。对于未成年人重新犯罪的，应当允许公安、检察、审判机关查阅原犯罪记录，以作出恰当的处置，符合累犯的，仍构成累犯、再犯。犯罪记录封存并未将行为人在法律上视为从未犯过罪的人。（4）封存效力持续。即未成年人犯罪记录的封存不因任何原因而终结，在法律特殊规定情形下，司法机关为办案需要或有关单位根据国家规定查询后，原有犯罪记录仍应保持封存的状态，查询后了解相关情况的单位同时也有保密的义务。

89. 父母或者其他监护人可能严重侵害被监护的未成年人合法权益的情形有哪些？

根据《民法典》第三十六条第一款和《未成年人保护法》第十七条的规定，包括父母在内的监护人严重侵害包括未成年人在内的被监护人合法权益的情形主要为：

第一，实施严重损害被监护人身心健康行为。常见情形有：对受监护的未成年人施以严重家庭暴力、对受监护的未成年人实施性侵害、迫使未成年人结婚、虐待受监护的未成年人等行为。例如，林某虐待子女被撤销监护人资格案。林某 2004 年生育小龙，因婚姻不如意，生活中不但对小龙疏于管教，经常让小龙挨饿，还多次殴打小龙，致使小龙后背满是伤疤，2013 年 8 月以来，经当地政府、妇联、村委会干部及派出所民警多次批评教育后仍拒不悔改。2014 年 5 月 29 日，林某再次用菜刀划伤小龙的后背、双臂。当地村委会以被申请人林某长期对小龙的虐待行为已严重影响小龙的身心健康为由，向法院提出请求依法撤销林某对小龙监护人资格的申请。审理期间，法院征求小龙的意见，其表示不愿意随其母林某共同生活。法院经审理认为，被申请人林某作为小龙的监护人，采取打骂等手段对小龙长期虐待，经有关单位教育后仍拒不悔改，继续对小龙实施虐待，其行为已经严重损害小龙的身心健康，故不宜再担任小龙的监护人。依法撤销林某对小龙的监护人资格，并依法指定该村民委员会担任小龙的监护人。

第二，怠于履行监护职责，或者无法履行监护职责并且拒绝将监护职责部分或者全部委托给他人，导致被监护人处于危困状态。常见情形为：遗弃、非法送养受监护的未成年人等行为。例如，"上海首例判决撤销监护权案件"——周某遗弃子女被撤销监护人资格案。周某于2005年3月未婚生育女儿周小某后，就于同年6月把周小某交给已与其解除收养关系的前养父母秦某、李某代为照顾。2013年2月起，周某一直未履行抚养义务。经秦某、李某多次电话联系，仍杳无音信。不得已，秦某、李某向上海长宁法院申请撤销周某监护权，将监护人变更为秦某、李某。审理期间，法院委托上海市阳光社区青少年事务中心长宁工作站派员进行社会观护，知悉周小某与申请人秦某、李某相处关系融洽，周小某明确表示愿与两申请人共同生活。且因被申请人周某不履行监护职责，且生父不详，周小某处于没有户籍、没有医保、没有身份证的状况，亦增加了两个申请人的经济负担。法院经审查认为，在周小某的生父尚不明确的情况下，生母周某作为唯一法定监护人不亲身切实履行抚养周小某的义务，不承担抚养费用，甚至近一年多时间内，长期不看望周小某，音信全无，符合不履行监护职责的情况，不宜再担任周小某的监护人。两个申请人虽为年迈老人，且与未成年人周小某无法律关系，无抚养义务，但出于对未成年人的关爱之情，长期抚养周小某，与未成年人周小某形成密切之关系，并经所在居民委员会同意，有权向人民法院提出撤销周某的监护人资格。鉴于两个申请人长期抚养周小某，具有抚养能力，双方形成密切抚养关系，且相关证据亦表明未成年人周小某在两个申请人的照顾下成长状况良好，学习成绩优良，可以认为两个申请人具备监护周小某的资格和条件，从对未成年人特殊、优先保护原则和儿童利益最大化原则考虑，由两个申请人取得监护权后，有利于更好地保护未成年人周小某的生存权、受教育权等权利。据此，法院判决：撤销被申请人周某监护人资格，变更申请人秦某、李某为被监护人周小某的监护人。

第三，实施严重侵害被监护人合法权益的其他行为。例如，放任、教唆或者利用未成年人实施违法犯罪行为，放任、唆使未成年人参与邪教、迷信活动或者接受恐怖主义、分裂主义、极端主义等侵害，放任或者迫使应当接受义务教育的未成年人失学、辍学，违法处分、侵吞未成年人的财产，导致未成年人财产蒙受严重损失，或者利用未成年人牟取不正当利益、造成严重后果等行为。

90. 司法机关在办理遭受性侵害或者严重暴力伤害的未成年人案件时，应当注意什么？

近年来，我国校园极端暴力、校园性侵等案件数量呈上升趋势，司法机关办理的未成年人被害案件也不断增加。由于身心尚处于发育阶段的未成年被害人在参与司法过程中容易受到"二次伤害"，因此，司法机关在办理涉遭受性侵或者严重暴力伤害的未成年人的刑事案件时，尤其要坚持"未成年人利益最大化原则"，尽量采取各种人文化、专业化的措施，在各个环节给未成年被害人以特殊、优先的保护。

首先，相关案件的立案要特殊对待。未成年被害人由于缺乏认知能力和应对经验，遭受侵害后不能有效保存证据和及时报案。针对这一特点，公安机关应当采取积极作为、优先处理、主动介入，最大限度地帮助未成年被害人收集证据、提出控告。检察机关应对公安机关办理未成年人被害案件进行监督。当发现公安机关应当立案侦查而不立案侦查的，或者被害人及其法定代理人提出异议的，检察机关应当要求公安机关说明不立案的理由；不立案理由不成立的，应当通知并督促公安机关予以立案办理。

其次，对未成年被害人进行询问取证时要特殊保护。未成年人被害案件应由熟悉未成年人身心特点的司法人员负责办理，被害人如果是女性，则应当由女性工作人员参与。公检法机关和律师询问未成年被害人时，应选择未成年人住所或者其他让未成年人心理上感到安全的场所进行，并通知其法定代理人到场；询问应当考虑其身心特点，采取和缓的方式进行；对与犯罪有关的事实应当以一次询问为原则进行全面询问，对于性侵害未成年人的犯罪可以采取"一站式调查取证"模式，并进行全程录音、录像，相关视频、音频资料可以作为证据在诉讼各环节多次使用。侦查人员到未成年被害人所在学校、居住地调查取证时，应避免穿着制服、驾驶警车或采取其他可能暴露未成年被害人身份、影响被害人名誉、隐私的方式；指证环节可以用模具代替未成年人身体，尽量减少未成年人的被害回忆联系。法院审理侵害未成年人案件时，可以通过播放未成年人陈述、证言视频或计算机远程手段进行作证，以减少未成年被害人出庭受质询的情况，对于确有必要出庭的，应根据案件情况采取不暴露外貌、真实声音等保护措施，避免未成年人与加害人直接接触。

最后，有关未成年人被害案件的信息要特殊处理。对于未成年人遭受性侵害的案件，法院应不公开审理，其他案件也可以根据被害人或其法定代理人申请而不公开审理。司法程序中，对于涉及未成年被害人的身份信息及可能推断出其身份信息的资料和涉及犯罪侵害细节等内容应当予以保密。法院在对外公开诉讼文书时，不得披露未成年被害人的身份信息及可能推断出其身份信息的其他资料，未成年人被害的事实也应以适当的方式叙述。查阅、摘抄、复制的未成年人被害案件的案卷材料，不得公开和传播。

91. 什么是社会调查制度？

根据《刑事诉讼法》第二百七十条、《未成年人保护法》第一百一十六条及《最高人民法院关于适用〈中华人民共和国刑事诉讼法〉的解释》第四百七十六条的规定，社会调查是指公安机关、人民检察院、人民法院办理未成年人刑事案件时，对未成年犯罪嫌疑人、被告人的成长经历、犯罪原因、监护教育等情况进行调查。未成年犯罪嫌疑人适用社会调查制度具有重大现实意义。未成年人的身心发育尚未成熟，他们并不具备完全的辨别是非能力和自我控制能力，容易受不良环境影响走上违法犯罪的道路。因此，在办理未成年案件时，应全面调查其个人品格、家庭情况、学校情况、社会交往等方面，寻找诱发其犯罪的原因，用最佳的处理手段让其回归社会。

在涉未成年人刑事案件中适用社会调查主要原因在于：未成年人刑事案件社会调查报告是量刑的重要参考依据，对未成年被告人的量刑有一定影响。社会调查报告能够证明未成年被告人的人身危险性，而这是重要的量刑情节之一。从目前不少地方已将社会调查报告作为量刑参考依据之一的现状来看，实际上司法实践也已经肯定了社会调查报告的证据属性。司法经验表明，将对犯罪人个体情况的调查作为法官裁量刑罚的参考，为有区别地采取灵活的刑罚措施，实现刑罚目的奠定了基础。因此，社会调查这一制度不仅符合法治发展的轻刑化和非监禁化的趋势，而且在一定程度上能够从更大范围，更长远角度解决未成年人犯罪上升的态势。

上海市长宁区人民法院自 1988 年 10 月起在刑事审判中最早实行社会调查制度，对未成年被告人进行庭前社会调查，了解犯罪原因，把握悔罪表现，使少年审判工作更具客观性、针对性和科学性。1995 年 10 月，上海市长宁区人民法院首次将未成年被告人家庭和社会情况、犯罪前后表现情况、非监禁式监护帮教条件以及社会危害性和重犯可能性进行心理评估，将社会调查内容引入开庭审理中，通过落实社会调查员出庭，将调查报告纳入质证范围，为法官正确适用法律、准确量刑提供客观参考依据。1996 年 1 月，上海市长宁区人民法院探索将社会调查报告内容写入判决书中加以阐明，并被最高人民法院 2001 年 6 月下发的《法院刑事诉讼文书补充样式（样本）》所吸收，这也为法庭当庭开展教育、协助判后帮教延伸工作夯实了基础。2015 年 7 月起，上海市长宁区人民法院将随案移送社会调查报告作为法院刑事立案受理条件之一。同时，在案件判决生效后，将社会调查报告随判决书一并送达未成年犯管教所、社区矫正机构等执行机关，形成了逐级移送机制。

上海市长宁区人民法院审理的李某某盗窃案、韩某某盗窃案先后被《中华人民共和国最高人民法院公报》2016 年第 8 期及 2018 年第 1 期刊用，在该两起典型案例中，法院对犯罪嫌疑人进行了社会调查，对犯罪嫌疑人案发后表现情况以及判后监督能否落实情况和社区矫治意见等进行了了解，并将调查报告主要内容写入判决书中加以阐述。同时，法院通知社会调查员出庭，将调查报告内容纳入质证范围，听取诉辩双方意见，由法庭进行审查，其建设性意见增强了法官内心确认，为正确适用法律、准确量刑提供客观参考依据，尤其是作为适用缓刑的量刑参考依据之一。同时，社会调查员出庭，也有利于法庭当庭开展教育、当庭判处缓刑时做好社区矫治交接工作，为协助判后帮教延伸工作夯实了基础。

92. 什么是法定代理人或合适成年人到庭制度？

《刑事诉讼法》第二百八十一条第一款、第二款及《未成年人保护法》

第一百一十条第一款规定了讯问未成年犯罪嫌疑人法定代理人或合适成年人在场制度。"对于未成年人刑事案件，在讯问和审判的时候，应当通知未成年犯罪嫌疑人、被告人的法定代理人到场。无法通知、法定代理人不能到场或者法定代理人是共犯的，也可以通知未成年犯罪嫌疑人、被告人的其他成年亲属，所在学校、单位、居住地基层组织或未成年人保护组织的代表到场，并将有关情况记录在案。到场的法定代理人可以代为行使未成年犯罪嫌疑人、被告人的诉讼权利。到场的法定代理人或者其他人员认为办案人员在讯问、审判中侵犯未成年人合法权益的，可以提出意见。讯问笔录、法庭笔录应当交给到场的法定代理人或者其他人员阅读或者向他宣读。"《人民检察院刑事诉讼规则（试行）》和《刑事诉讼法》的规定基本一致，只是新增了讯问笔录应当交由到场的法定代理人或者其他人员签字、盖章或者捺指印确认。《公安机关办理刑事案件程序规定》并未规定笔录内容要交由法定代理人或合适成年人签字，但却规定法定代理人或合适成年人对笔录内容有异议的，应当核实清楚，准予更正或者补充。

该制度的意义在于：一是对未成年犯罪嫌疑人身心发育特点的尊重，体现了对未成年人的优先和特殊保护性。一般来说，未成年犯罪嫌疑人在被采取强制措施之后，由于心理承受能力较弱，往往惶恐不安，渴望得到其监护人或至少中立的第三方的在场支持。二是有助于讯问的顺利进行，促使未成年犯罪嫌疑人如实供述。未成年犯罪嫌疑人因受心理、生理尚未完全成熟的影响，在接受讯问时，往往表现出"恐惧紧张，忧郁孤独，懊丧悔恨"等心理特征。在讯问过程中，法定代理人或合适成年人到场有利于稳定未成年犯罪嫌疑人的情绪，消除其恐惧心理和抵触情绪，也可以配合讯问人员做好对未成年犯罪嫌疑人的思想教育工作。三是可以有效遏制讯问人员非法收集口供的情况发生，同时可以为讯问人员的合法讯问行为提供有说服力的旁证，降低讯问人员遭受非法讯问控诉的风险，也会大大提高讯问时所获取口供的证据效力，有助于固定口供，降低犯罪嫌疑人翻供的风险。

长宁法院在审理涉未成年人刑事案件中，以保护未成年人最大利益为准则，切实落实法定代理人或合适成年人到庭制度。长宁法院在审判区域内增设法定代理人席位，发挥其帮助行使诉讼权利和共同开展帮教的积极作用，缓解犯罪未成年人紧张心理。同时注重对法定代理人进行教育，促其履行监护职责，帮助罪错子女重塑人生。在长宁法院审理的一起李某某盗窃案中，因未成年被告人李某某的法定代理人无法到庭，除落实其成年亲属到庭外，还引入第三方人员即青少年社工担任合适成年人，代理家长参加刑事诉讼，一人一案，全程参与，维护涉罪未成年人诉讼权利，促其认罪悔罪。

第八章　法律责任

93. 报纸、电视等新闻媒体在报道涉未成年人案件时，应当注意哪些事项？

报纸、电视等新闻媒体，作为传统媒体的主要载体，具有读者（观众）数量多、普及性广和影响力大等特点，是社会大众最普遍的信息来源。近年来，涉未成年人案件的媒体曝光率增加，未成年人群体的特殊性也使得这类案件的影响力上升。部分媒体报道出现了带动性、片面性、猎奇性的取向，造成了舆论秩序混乱、内容夸张失实、媒体越界审判等问题，不利于未成年当事人的利益保护，也不利于正确社会价值观的形成。新闻媒体报道涉未成年人案件，应当受到法律、伦理与新闻专业标准的严格规范，做到以下两点。

第一，尊重保护涉案未成年人的隐私。《未成年人保护法》第六十三条对于未成年人的隐私保护作出了明确规定，第一百零三条规定，"公安机关、人民检察院、人民法院、司法行政部门以及其他组织和个人不得披露有关案件中未成年人的姓名、影像、住所、就读学校以及其他可能识别出其身份的信息，但查找失踪、被拐卖未成年人等情形除外。"新闻媒体在进行此类报道时，应遵守法律规定，避免为博眼球而披露上述未成年当事人的个人隐私。但是，我们通过一些案例可以看到，部分新闻媒体还没有树立未成年人隐私保护意识，为了新闻的爆炸性，损害了涉案未成年人的合法权益，扰动了社会舆论，造成了较差的社会影响。对于刑事案件的未成年人被告，隐私保护是必要的，而对于性侵害案件的未成年人受害者，隐私保护尤为重要。性侵害案件受害者往往遭受了重大精神伤害，相对于成年人来说，其心理更加脆弱，隐私的曝光容易使其在社会上遭受非议，造成其"二次伤害"，加重其心理创伤，在他们的心灵中埋下不和谐甚至是违法犯罪的种子。因此，新闻媒体在报道中，应对未成年人性侵害受害者的信息予以严格保密。对故意泄露未成年被害人隐私的，应追究其法律责任。

第二，保持客观中立的报道立场。新闻媒体对于涉未成年人案件的报道，是社会大众了解事实的重要渠道，也是新闻舆论监督的重要环节。许多热点案件是因媒体报道引发舆论关注，从而促使审判机关积极回应社会关切，自觉接受舆论监督的。媒体在报道中，应当尊重客观事实，对其发布的内容尽到审查义务，不可偏离事实真相，或者片面夸大事实，不掺杂主观判断甚至臆断。应当充分听取、全面平衡各方意见，给各种观点发声的渠道，不应偏袒一方。如果媒体在报道中尺度过宽、事实不明、渲染情绪，甚至对案件细节、作案手法的披露不加节制，容易对正常的司法活动造成干扰，对涉未成年人案件的公正审理造成舆论压力。此外，也容易引发青少年的模仿效应，"复制"出雷同的案件，对社会秩序的稳定造成负面影响。我国《刑事诉讼法》第十二条规定："未经人民法院依法判决，对任何人都不得确定有罪。"新闻媒体在法院审理之前，就对涉刑事案件未成年人作出"有罪推定"，不尊重客观事实，干扰社会判断，不仅损害媒体的权威性，也会损害司法的权威性。综上所述，媒体在报道涉未成年人案件时，应同样贯彻法治精神，做好未成年被害人和被告人权利的平衡，将"未成年人权益保护"原则真正落到实处。未成年人权益保护不仅是一句口号，也不仅是司法机关独有的职责，只有赢得社会的广泛参与，涉未成年人案件审判才能发挥正面引导效果，这一切都离不开新闻媒体的支持。

94. 未成年人的父母或其他监护人不依法履行监护职责的，人民法院可以采取什么措施？

家庭是未成年人最自然的成长环境，未成年人应以家庭监护为先。父母是未成年子女的法定监护人，有保护被监护人的身体健康、照顾被监护人的生活、管理和保护被监护人的财产等义务，但当父母不履行监护职责或者侵害被监护人的合法权益时，经教育不改的，根据"国家是儿童最高监护人"的原则，国家公权力就有权予以介入，人民法院可以依据有关单位和人员的申请，撤销其监护人的资格，依法另行指定监护人。所谓"不依法履行监护职责"，不仅包括法定监护人虐待、严重侵害未成年人的情况，同时也包括监护人长期拒不履行抚养义务，导致被监护人权益受侵害、生活无着等情况。《未成年人保护法》第一百零八条规定："未成年人的父母或者其他监护人不依法履行监护职责或者严重侵犯被监护的未成年人合法权益的，人民法院可以根据有关人员或者单位的申请，依法作出人身安全保护令或者撤销监护人资格。被撤销监护人资格的父母或者其他监护人应当依法继续负担抚养费用。"同时，《民法典》对撤销监护权、确认监护人等情形作出了明确规定，为人民法院裁判相关案件提供了依据。

上海市长宁区人民法院所审理的"秦某、周某诉周绢（化名，下同）申请变更监护人案"，是上海市首例法定监护人不尽抚养义务被剥夺监护权的案例。两个申请人秦某、周某原是被申请人周绢的养父母，因周绢有吸毒、盗窃行为，2000 年 11 月双方在法院主持调解下解除了收养关系，后周绢与他人非婚生育女儿周小某，让两个申请人代为照顾周小某，平时只是偶尔来看望，且一直没有给付抚养费，2013 年 2 月后，周绢就没有再出现。秦某、周某两人虽为年迈老人，且与周小某无法律关系、无抚养义务，但出于对未成年人的关爱之情，长期抚养她，双方形成了密切关系。之后，秦某、周某认为，周绢长期不履行抚养周小某之责，申请依法撤销周绢的监护人资格，变更秦某、周某为周小某的监护人。被申请人周绢经法院合法传唤，无正当理由拒不到庭，未发表答辩意见。法院经审理查明，周绢对周小某长期未履行抚养义务；另查明，周小某在秦某、周某的照料下，成长无忧，学习成绩优良，但因被申请人周绢消极履行监护职责，一直未能为孩子办理户籍登记手续。长宁法院认为，在周小某的生父尚不明确的情况下，生母周绢作为唯一法定监护人，没有切实履行抚养周小某的义务，不承担抚养费用，甚至长期不看望周小某，音信全无，符合不履行监护职责的情况，不宜再担任周小某的监护人。鉴于两个申请人长期抚养周小某，具有一定抚养能力，双方形成亲密抚养关系，且相关证据亦表明未成年人周小某在两个申请人的照顾下成长状况良好，学习成绩优良，据此，法院可以认定两个申请人具备监护周小某的资格和条件。从对未成年人"特殊、优先"保护原则和"儿童利益最大化"原则考虑，由两个申请人取得监护权，有利于更好地保护未成年人周小某的生存权、受教育权等权利。最终，法院判决撤销被申请人周绢的监护人资格，变更申请人秦某、周某为被监护人周小某的监护人。孩子不是父母的私有财产，他们是国家的未来，是社会的希望，社会公众一旦发现未成年人权益受到侵害，也应树立及时报告的意识，这样才会逐步减少未成年人权益受侵害的现象。

95. 父母或者监护人放任、教唆、利用未成年人实施违法犯罪行为具有哪些法律后果？

《未成年人保护法》第十七条作出规定，未成年人的父母或者其他监护人不得放任、教唆或者利用未成年人实施违法犯罪行为。《未成年人保护法》第一百零八条第一款规定："未成年人的父母或者其他监护人不依法履行监护职责或者严重侵犯被监护的未成年人合法权益的，人民法院可以根据有关人员或者单位的申请，依法作出人身安全保护令或者撤销监护人资格。"同时，父母或其他监护人将被追究刑事责任。父母或监护人放任、教唆、利用未成年人实施违法犯罪行为，从行为及法律后果上分析主要有两个层次，一是违法行为，二是犯罪行为。

一是父母或者监护人出现放任、教唆、利用未成年人实施违法行为，比如侵权行为。《民法典》第一千一百六十九条规定："教唆、帮助他人实施侵权行为的，应当与行为人承担连带责任。教唆、帮助无民事行为能力人、限制民事行为能力人实施侵权行为的，应当承担侵权责任；该无民事行为能力人、限制民事行为能力人的监护人未尽到监护责任的，应当承担相应的责任。"再比如构成违反治安管理行为，《治安管理处罚法》第十七条规定："共同违反治安管理的，根据违反治安管理行为人在违反治安管理行为中所起的作用，分别处罚。教唆、胁迫、诱骗他人违反治安管理的，按照其教唆、胁迫、诱骗的行为处罚。"第二十条规定，"违反治安管理有下列情形之一的，从重处罚：……（二）教唆、胁迫、诱骗他人违反治安管理的；……"《治安管理处罚法》第七十三条规定："教唆、引诱、欺骗他人吸食、注射毒品的，处十日以上十五日以下拘留，并处五百元以上二千元以下罚款。"父母或监护人放任、教唆、利用未成年人实施违法行为的，将根据相应法律承担赔偿及相关责任。

二是监护人教唆、利用未成年人实施违法犯罪行为。根据《未成年人保护法》第九十二条第五项规定，第一个法律后果是"监护人教唆、利用未成年人实施违法犯罪行为，未成年人需要被带离安置"。另外，监护人的监护资格也可能被撤销。《未成年人保护法》第一百二十九条第一款规定，违反本法规定，侵犯未成年人合法权益，造成人身、财产或者其他损害的，依法承担民事责任。

对于父母或者监护人放任、教唆、利用未成年人实施违法犯罪行为从刑事责任角度分析，主要有以下几种情形：

第一种情形，放任未成年人实施违法犯罪行为是故意犯罪。放任未成年人实施违法犯罪构成间接故意犯罪，间接故意是指行为人明知自己的行为可能发生危害社会的结果，并且放任这种结果发生的心理态度。根据《刑法》第十四条规定："明知自己的行为会发生危害社会的结果，并且希望或者放任这种结果发生，因而构成犯罪的，是故意犯罪。故意犯罪，应当负刑事责任。"

第二种情形，教唆未成年人实施违法犯罪构成教唆犯。根据《刑法》第二十九条规定："教唆他人犯罪的，应当按照他在共同犯罪中所起的作用处罚。教唆不满十八周岁的人犯罪的，应当从重处罚。如果被教唆的人没有犯被教唆的罪，对于教唆犯，可以从轻或者减轻处罚。"

第三种情形，利用未成年人实施犯罪行为构成间接正犯。间接正犯又可以称为间接实行犯，是指把他人作为工具利用的情况。当父母或监护人利用无责任能力的未成年人犯罪，父母或监护人的教唆行为构成犯罪行为的正犯。比如未成年人未达刑事责任年龄，监护人教唆未成年人盗窃，监护人是盗窃罪的正犯。如父母或监护人利用未成年人过失或不知情的行为犯罪，未成年人视为不知情的工具，父母或监护人为间接实行犯，双方无共同的犯罪故意，应当认定为父母或监护人单独犯罪。

96. 对罪错未成年人的教育矫治措施有哪些？

罪错未成年人并非是正式的法律概念，而是从有效进行犯罪预防和对未成年人进行全面司法保护的角度出发，为方便构建完整的未成年人司法制度而使用的一个概念。从范围上，罪错未成年人大体包括：第一，年满十四周岁被追究刑事责任的未成年人，即刑法意义上的犯罪未成年人，包括十四周岁至十六周岁因实施《刑法》规定的故意杀人、故意伤害致人重伤或者死亡、强奸、抢劫、贩卖毒品、放火、爆炸、投放危险物质罪这八类犯罪而被追究刑事责任的未成年人，以及十六周岁至十八周岁实施《刑法》所规定犯罪行为的未成年人；第二，已经实施了触犯《刑法》所规定罪名的行为，却因为未达到刑事责任年龄而未被作为罪犯处理的未成年人，包括十四周岁至十六周岁触犯了《刑法》规定的八类犯罪以外罪名的未成年人，以及十四周岁以下触犯《刑法》各类罪名的未成年人；第三，其他实施了虽然不属于《刑法》所规定的犯罪行为，但仍然对社会或未成年人自身的健康成长产生不利后果行为的未成年人，即实施了《预防未成年人犯罪法》中规定的严重不良行为的未成年人。

对于罪错未成年人，本着对未成年人"教育、挽救、感化"六字方针和"教育为主、惩罚为辅"的八字原则，我国根据未成年人罪错行为的具体情况，设置了行政处罚、专门学校（原工读学校）等保护处分制度以及刑罚处罚。对于有严重不良行为的未成年人，父母或者其他监护人和学校应当相互配合，采取措施严加管教，也可以送工读学校进行矫治和接受教育。如果严重不良行为已经构成违反治安管理行为的，则由公安机关依法予以治安处罚；因不满十四周岁或者情节特别轻微免于行政处罚的，可以予以训诫。未成年人因不满十六周岁不予刑事处罚的，责令其父母或者其他监护人严加管教；在必要的时候，也可以由政府依法收容教养。

专门学校面向的是具有严重不良行为、不适合继续留在普通学校学习的未成年人，对其开展相应的义务教育及行为矫治。专门学校既不是刑事处罚，也不属于行政处罚，而是一种对未成年人违法犯罪行为进行超前预防的有效措施。专门学校的前身是工读学校。1955 年 7 月 1 日，根据中共北京市委第一书记彭真的意见，参照苏联马卡连柯的教育理论和实践经验，中国第一所工读学校——北京市温泉工读学校正式创办，从而开始了我国专门学校的历史。1978 年中央 58 号文件指出，"工读学校是一种教育挽救违法犯罪学生的学校"。1987 年国务院办公厅转发的国家教育委员会、公安部、共青团中央《关于办好工读学校的几点意见》中明确规定，工读教育的对象为"十二周岁至十七周岁有违法和轻微犯罪行为，不适宜留在原校学习，但又不够劳动教养、少年收容教养或刑事处罚条件的中学生（包括那些被学校开除或自动退学、流浪在社会上的十七周岁以下的青少年）"，工读学校由教育系统负责，由公安机关配合进行教育和管理。《预防未成年人犯罪法》第四十三条明确规定，对有严重不良行为的未成年人，未成年人的父母或者其他监护人、所在学校无力管教或者管教无效的，可以向教育行政部门提出申请，经专门教育指导委员会评估同意后，由教育行政部门决定送入专门学校接受专门教育。第四十七条明确了专门学校应当对接受专门教育的未成年人分级分类进行教育和矫治，有针对性地开展道德教育、法治教育、心理健康教育，并根据实际情况进行职业教育；对没有完成义务教育的未成年人，应当保证其继续接受义务教育。

97. 对未成年人实施哪些刑事犯罪应当加重处罚？

成年行为人对未成年人实施犯罪，因双方的地位天然不对等，其犯罪行为更容易得手，而被害人更容易受到伤害，与此相对应，行为人也应承担比其他犯罪更大的法律风险和后果。因此，法律给予未成年人更为严格的保护，给予针对未成年人实施犯罪的行为人更加严厉的惩罚，这是世界各国立法通行的做法。我国《刑法》对未成年被害人给予更为严格的保护，主要通过两种途径：

一是对某些侵犯未成年人权益的犯罪设立专门的罪名，如猥亵儿童罪、拐卖儿童罪、拐骗儿童罪、引诱幼女卖淫罪、组织儿童乞讨罪、组织未成年人进行违反治安管理活动罪、雇用童工从事危重劳动罪、引诱未成年人聚众淫乱罪等，从定罪上突出打击侵犯未成年人权益的犯罪行为。

二是对侵犯未成年人权益的犯罪规定了更为严格的量刑标准，如奸淫不满十四周岁的幼女的，以强奸罪从重处罚；强迫幼女卖淫的，是强迫卖淫罪的加重处罚情节，应处十年以上有期徒刑或者无期徒刑，并处罚金或者没收财产的法定刑幅度内量刑，从量刑上突出对侵犯未成年人权益犯罪的从严惩处。

我国极其重视对性侵害未成年人犯罪的惩处。2013年最高人民法院、最高人民检察院、公安部、司法部联合颁布《关于依法惩治性侵害未成年人犯罪的意见》，明确了依法从严惩治性侵害未成年人犯罪的政策导向。性侵害未成年人犯罪包括《刑法》第二百三十六条、第二百三十七条、第三百五十八条、第三百五十九条、第三百六十条第二款规定的针对未成年人实施的强奸罪，强制猥亵、侮辱妇女罪，猥亵儿童罪，组织卖淫罪，强迫卖淫罪，引诱、容留、介绍卖淫罪，引诱幼女卖淫罪，嫖宿幼女罪等。对于实施了此类性侵害未成年人犯罪的罪犯，一般均予以从严惩处，从重处罚。

我国《刑法》也十分注重在毒品犯罪中未成年人的保护。无论是利用未成年人犯毒品罪，还是针对未成年人犯毒品罪，均以法律明文规定的方式确立从重处罚的制度。具体表现在两个方面：一是根据《刑法》第三百四十七条第六款规定，对于利用、教唆未成年人走私、贩卖、运输、制造毒品的，应当从重处罚；同时对于向未成年人出售毒品的，也明文规定应当从重处罚。对于利用、教唆未成年人走私、贩卖、运输、制造毒品的从重处罚的规定，一方面是出于对未成年人的特别保护，未成年人正处在成长时期，辨别是非的能力差，往往容易被犯罪分子引诱、胁迫、唆使进行走私、贩卖、运输、制造毒品等活动，从而影响他们的健康成长，走向犯罪道路。另一方面也是为了更有利于打击毒品犯罪。未成年人走私、贩卖、运输、制造毒品，往往便于隐蔽、伪装，不易被发现、查处，所以经常被毒品犯罪分子所利用。因此规定这一情节从重处罚，有利于严惩幕后的毒品罪犯。二是《刑法》第三百五十三条第三款规定：引诱、教唆、欺骗或者强迫未成年人吸食、注射毒品的，从重处罚。对于向未成年人出售毒品的和引诱、教唆、欺骗或者强迫未成年人吸食、注射毒品的犯罪分子从重处罚的规定也是出于对未成年人的特别保护而制定的。近年来，未成年人吸毒的现象在我国个别地区开始蔓延，有的未成年人以吸食毒品为时髦，作为高消费、摆阔气的象征；有的未成年人已吸毒多年，难以自拔。大部分吸毒的未成年人，都是在他人引诱、教唆、欺骗或强迫下染上吸毒恶习的，有些自此被毒贩控制，走上犯罪道路。未成年人正处在生理和心理发育时期，吸食毒品严重损害了他们的身心健康，同时给社会造成了无法估量的损失，因此，对于具有以上情节的犯罪分子，必须从重处罚，予以严惩。

淫秽物品对未成年人的危害，比对成年人的危害要大得多。有些人甚至说，淫秽物品对成年人没有什么害处，只是对未成年人有害。此话显然很片面，但是从一个侧面反映了淫秽物品对未成年人的严重危害。一些未成年人涉足淫秽物品以后，有书不念，有学不上，丢弃学业，荒废青春，甚至走上违法犯罪道路，危害触目惊心，教训极其深刻。有鉴于此，《刑法》第三百六十四条第四款规定，向不满十八周岁的未成年人传播淫秽物品的，从重处罚。

《未成年人保护法》第五十条规定："禁止制作、复制、出版、发布、传播含有宣扬淫秽、色情、暴力、邪教、迷信、赌博、引诱自杀、恐怖主义、分裂主义、极端主义等危害未成年人身心健康内容的图书、报刊、电影、广播电视节目、舞台艺术作品、音像制品、电子出版物和网络信息等。"第五十二条规定："禁止制作、复制、发布、传播或者持有有关未成年人的淫秽色情物品和网络信息。"第五十四条规定："禁止拐卖、绑架、虐待、非法收养未成年人，禁止对未成年人实施性侵害、性骚扰。禁止胁迫、引诱、教唆未成年人参加黑社会性质组织或者从事违法犯罪活动。禁止胁迫、诱骗、利用未成年人乞讨。"第六十一条第一款、第二款规定："任何组织或者个人不得招用未满十六周岁未成年人，国家另有规定的除外。营业性娱乐场所、酒吧、互联网上网服务营业场所等不适宜未成年人活动的场所不得招用已满十六周岁的未成年人。"招用已满十六周岁未成年人的单位和个人应当执行国家在工种、劳动时间、劳动强度和保护措施等方面的规定，不得安排其从事过重、有毒、有害等危害未成年人身心健康的劳动或者危险作业。任何组织或者个人不得组织未成年人进行危害其身心健康的表演等活动。经未成年人的父母或者其他监护人同意，未成年人参与演出、节目制作等活动，活动组织方应当根据国家有关规定，保障未成年人合法权益。第一百二十九条规定："违反本法规定，侵犯未成年人合法权益，造成人身、财产或者其他损害的，依法承担民事责任。违反本法规定，构成违反治安管理行为的，依法给予治安管理处罚；构成犯罪的，依法追究刑事责任。"

98. 什么是性侵害未成年人从业禁止制度？

《未成年人保护法》第六十二条规定，密切接触未成年人的单位招聘工作人员时，应当向公安机关、人民检察院查询应聘者是否具有性侵害、虐待、拐卖、暴力伤害等违法犯罪记录；发现其具有前述行为记录的，不得录用。密切接触未成年人的单位应当每年定期对工作人员是否具有上述违法犯罪记录进行查询。通过查询或者其他方式发现其工作人员具有上述行为的，应当及时解聘。

当前我国性侵害未成年人犯罪发生较多，其中易于接触未成年人的从业者作案占比高，他们利用熟人身份或自身身份地位上的优势等，以非常隐蔽的方式对未成年人实施性犯罪。2018 年长宁法院审结一起猥亵儿童案，该案被告人利用书法老师身份的便利，在培训机构上课期间多次对多名未成年被害人实施猥亵行为，并让被害人对此保密。法院认为，被告人的行为已经构成猥亵儿童罪，对其判处有期徒刑，并考虑到被告人违背教师职业道德和要求，利用教师职业便利多次猥亵儿童，且性侵害再犯可能性极大，故禁止其在刑罚执行完毕后五年内从事对未成年人负有教育、训练、看护等特殊职责的职业。此后，长宁法院联合辖区相关部门出台了《关于在未成年人教育培训和看护行业建立入职查询和从业禁止制度的意见（试行）》，建立上海市第一个性侵害人员查询库。2019 年，上海高级人民法院联合相关部门出台了《关于建立涉性侵害违法犯罪人员从业限制制度的意见》（以下简称《意见》）。

适用的行业。该制度适用的行业是指与未成年人密切接触的行业，即以未成年人为主要工作、服务对象，对未成年人负有监护、教育、训练、救助、看护、医疗等特殊职责的企事业单位、社会组织等。例如，包括幼儿园、中小学等教育机构，三周岁以下幼儿托育机构及其他面向未成年人开展文化教育、职业技能培训的机构，面向未成年人开展文艺、体育培训（训练）的机构、文艺团体，儿童福利机构，儿童医院、妇幼保健机构及儿科门诊等医疗机构或专科门诊，晚托班、暑托班、冬夏令营等临时看护机构，青少年活动中心、少年宫、儿童游乐场等向未成年人开放的文化、体育场所、场馆等。

适用的对象。所谓与未成年人密切接触行业的从业人员，包括教师、培训师、教练、保育员、医生等直接对未成年人负有特殊职责的工作人员，也包括行政工作人员以及保安、门卫、驾驶员、保洁员和各级各类民办学校的举办者、理事会或者董事会成员、监事等虽不直接负有特殊职责，但具有密切接触未成年人工作便利的其他工作人员。

适用的行为。所谓性侵害犯罪记录，是指违反《刑法》第二百三十六条、第二百三十七条、第三百零一条第二款、第三百五十八条、第三百五十九条规定的强奸，强制猥亵、侮辱，猥亵儿童，引诱未成年人聚众淫乱，组织卖淫，强迫卖淫，协助组织卖淫，引诱、容留、介绍卖淫，引诱幼女卖淫等犯罪行为，以及违反《治安管理处罚法》第四十四条、第六十七条规定的猥亵、引诱、容留、介绍卖淫等违法行为。这些行为都必须是已经被法院的生效裁判、检察院相对不起诉决定以及公安机关行政处罚决定等确定的违法犯罪记录。

该《意见》还明确规定了强制报告义务，即应聘与未成年人密切接触行业的人员（含外国国籍人员）根据《刑法》第一百条、相关行业性法律法规及本《意见》，如实报告本人是否存在相关违法犯罪记录或提供相应证明材料，并提交《入职承诺书》。与未成年人密切接触行业的用人单位，应当对拟录用人员是否存在性侵害违法犯罪记录的情况进行仔细审查。

《未成年人保护法》第六十二条规定："密切接触未成年人的单位招聘

工作人员时，应当向公安机关、人民检察院查询应聘者是否具有性侵害、虐待、拐卖、暴力伤害等违法犯罪记录；发现其具有前述行为记录的，不得录用。密切接触未成年人的单位应当每年定期对工作人员是否具有上述违法犯罪记录进行查询。通过查询或者其他方式发现其工作人员具有上述行为的，应当及时解聘。"第九十八条规定："国家建立性侵害、虐待、拐卖、暴力伤害等违法犯罪人员信息查询系统，向密切接触未成年人的单位提供免费查询服务。"第一百二十六条规定："密切接触未成年人的单位违反本法第六十二条规定，未履行查询义务，或者招用、继续聘用具有相关违法犯罪记录人员的，由教育、人力资源和社会保障、市场监督管理等部门按照职责分工责令限期改正，给予警告，并处五万元以下罚款；拒不改正或者造成严重后果的，责令停业整顿或者吊销营业执照、吊销相关许可证，并处五万元以上五十万元以下罚款，对直接负责的主管人员和其他直接责任人员依法给予处分。"

99. 发现有人向未成年人提供淫秽、色情、暴力的图书、报刊、影视节目，监护人应该怎么办？

对于正处在青春成长期的未成年人，他们的价值观和身心还没有发育完全，不能正确判断充斥于社会中形形色色信息的好坏，有时部分未成年人明知是色情不良信息，但是好奇心的驱使也会让其难以抗拒诱惑。色情信息对未成年人来说影响极其严重，对于未成年人有较强的刺激和诱惑性，容易使他们挣扎于欲望和自制力的冲突中，误导未成年人的价值观，影响未成年人健康成长。部分未成年人甚至沉迷欲望，产生过多性幻想甚至引发性犯罪。

目前，我国已有相关法律规定规制此类违法行为，如《刑法》第三百六十三条规定："以牟利为目的，制作、复制、出版、贩卖、传播淫秽物品的，处三年以下有期徒刑、拘役或者管制，并处罚金；……"第三百六十四条规定："传播淫秽的书刊、影片、音像、图片或者其他淫秽物品，情节严重的，处二年以下有期徒刑、拘役或者管制。……向不满十八周岁的未成年人传播淫秽物品的，从重处罚。"新修订的《未成年人保护法》第五十条规定："禁止制作、复制、出版、发布、传播含有宣扬淫秽、色情……等危害未成年人身心健康内容的图书、报刊、电影、广播电视节目、舞台艺术作品、音像制品、电子出版物和网络信息等。"因此，如发现有此类涉嫌违法犯罪的行为，首先，每位公民均有向公安机关报告情况、检举揭发犯罪事实的责任。其次，应通知未成年人的监护人对未成年人做好引导工作，消除淫秽、色情、暴力物品对未成年人造成的不良影响。同时对未成年人做好教育工作，帮助未成年人树立正确的价值观，保护未成年人健康茁壮成长。

具体而言，监护人应注意做到以下几点：一是以身作则最重要。身教重于言教，监护人要以正确的言传身教、健康的生活行为为子女树立良好榜样。二是交流沟通益处多。监护人要与未成年人一起了解相关知识，鼓励未成年人浏览健康向上的网站，寻求与未成年子女的共同话题。发现未成年人浏览色情信息，监护人要正确引导，正视性教育，营造合适机会、讲究科学方法与未成年子女沟通，使其正确看待不良信息。三是合理释放须重视。监护人应注意合理释放未成年人的旺盛能量，如增进运动来宣泄未成年人的精力。此外，监护人须切记不可因噎废食，要合理满足未成年人与异性的适当交往。四是科学管理是关键。面对汹涌而来的网络色情信息，监护人应了解未成年子女的上网习惯，合理安排未成年子女的上网时间，避免未成年人深夜独自长时间使用网络；尽量避免未成年人在家庭以外场所上网，防止其私自去网吧上网，遇到向未成年人开放的非法网吧要及时向当地文化执法部门举报；随时注意未成年人使用手机上网的情况，避免其在学习、就寝时使用手机。五是绿色软件是保障。绿色上网软件可实现拦截有害网址、过滤含色情不良关键词的内容、控制上网时间、限制聊天交友等功能。配合有关功能，监护人须不定期查看浏览器访问记录，了解未成年人的用网安全，对有害网址及时过滤。也可通过设置电脑密码，控制子女上网时间。

《刑法》第三百六十三条规定了制作、复制、出版、贩卖、传播淫秽物品牟利罪。以牟利为目的，制作、复制、出版、贩卖、传播淫秽物品的，处三年以下有期徒刑、拘役或者管制，并处罚金；情节严重的，处三年以上十年以下有期徒刑，并处罚金；情节特别严重的，处十年以上有期徒刑或者无期徒刑，并处罚金或者没收财产。为他人提供书号，出版淫秽书刊的，处三年以下有期徒刑、拘役或者管制，并处或者单处罚金；明知他人用于出版淫秽书刊而提供书号的，依照前款的规定处罚。第三百六十四条规定了传播淫秽物品罪。传播淫秽的书刊、影片、音像、图片或者其他淫秽物品，情节严重的，处二年以下有期徒刑、拘役或者管制。组织播放淫秽的电影、录像等音像制品的，处三年以下有期徒刑、拘役或者管制，并处罚金；情节严重的，处三年以上十年以下有期徒刑，并处罚金。制作、复制淫秽的电影、录像等音像制品组织播放的，依照第二款的规定从重处罚。向不满十八周岁的未成年人传播淫秽物品的，从重处罚。

《未成年人保护法》第五十条规定，禁止制作、复制、出版、发布、传播含有宣扬淫秽、色情、暴力、邪教、迷信、赌博、引诱自杀、恐怖主义、分裂主义、极端主义等危害未成年人身心健康内容的图书、报刊、电影、广播电视节目、舞台艺术作品、音像制品、电子出版物和网络信息等。第五十一条规定，任何组织或者个人出版、发布、传播的图书、报刊、电影、广播电视节目、舞台艺术作品、音像制品、电子出版物或者网络信息，包含可能影响未成年人身心健康内容的，应当以显著方式作出提示。

100. 在网络上制作、复制、发布、传播或者持有有关未成年人的淫秽色情信息的，应该如何惩处？

在网络上传播含有未成年人的电子淫秽信息内容，造成严重后果的，可依照《刑法》有关规定，以传播淫秽物品罪定罪处罚。如以牟利为目的，制作、复制、出版、贩卖、传播内容含有未成年人的淫秽信息的，可依照《刑法》第三百六十三条第一款的规定，以制作、复制、出版、贩卖、传播淫秽物品牟利罪定罪处罚。

值得注意的是，随着信息技术的飞速发展，淫秽电子信息犯罪呈现出新形式、新特点，特别是手机网民数量快速增长，手机网站已成为淫秽电子信息的重要传播途径，亟须有效治理。在以往的司法实践中，司法机关打击的往往是淫秽网站利益链的末端，而淫秽网站特别是手机淫秽网站屡禁不绝的主要原因在于利益驱动。手机淫秽网站、电信运营商、广告主、广告联盟、第三方支付平台之间形成了环环相扣的利益链条。因此打击淫秽网站，关键在于切断淫秽网站背后的利益链条。

为了打击此类违法犯罪行为，最高人民法院、最高人民检察院于2010年联合发布《最高人民法院、最高人民检察院关于办理利用互联网、移动通讯终端、声讯台制作、复制、出版、贩卖、传播淫秽电子信息刑事案件具体应用法律若干问题的解释（二）》（以下简称《解释二》）。其中，对内容涉及未成年人的淫秽信息予以从重打击。

《解释二》共有十三条，厘清了网站建立者、直接负责的管理者、电信业务经营者、互联网信息服务提供者、广告主、广告联盟、第三方支付平台等各方在制作、复制、出版、贩卖、传播淫秽电子信息犯罪中应承担的法律责任。对于明知是淫秽电子信息而不履行法定管理职责，允许或放任他人在自己所有或管理的网站网页上发布，以及明知是淫秽网站而提供资金支持或提供服务从中获利等达到一定危害程度的行为，明确规定为犯罪，从而解决了执法中遇到的突出问题，具有现实的针对性和可操作性。

《解释二》突出体现了对不满十四周岁未成年人权益特殊保护原则。对内容涉及未成年人的淫秽信息予以特殊打击，突出对未成年人权益的保护，是各国的普遍做法。为体现对不满十四周岁未成年人的特殊保护，《解释二》规定了利用互联网、移动通讯终端制作、复制、出版、贩卖、传播内容含有不满十四周岁的未成年人的淫秽电子信息行为，构成传播淫秽物品牟利罪或者传播淫秽物品罪的定罪量刑标准，在所规定的数量、数额标准的基础上下调一半，以加大对此类犯罪的打击力度。

《解释二》第一条规定，以牟利为目的，利用互联网、移动通讯终端制作、复制、出版、贩卖、传播淫秽电子信息的，依照《最高人民法院、最高人民检察院关于办理利用互联网、移动通讯终端、声讯台制作、复制、出版、贩卖、传播淫秽电子信息刑事案件具体应用法律若干问题的解释》第一条、第二条的规定定罪处罚。

以牟利为目的，利用互联网、移动通讯终端制作、复制、出版、贩卖、传播内容含有不满十四周岁未成年人的淫秽电子信息，具有下列情形之一的，根据《刑法》第三百六十三条第一款的规定，以制作、复制、出版、贩卖、传播淫秽物品牟利罪定罪处罚：（1）制作、复制、出版、贩卖、传播淫秽电影、表演、动画等视频文件十个以上的；（2）制作、复制、出版、贩卖、传播淫秽音频文件五十个以上的；（3）制作、复制、出版、贩卖、传播淫秽电子刊物、图片、文章等一百件以上的；（4）制作、复制、出版、贩卖、传播的淫秽电子信息，实际被点击数达到五千次以上的；（5）以会员制方式出版、贩卖、传播淫秽电子信息，注册会员达一百人以上的；（6）利用淫秽电子信息收取广告费、会员注册费或者其他费用，违法所得五千元以上的；（7）数量或者数额虽未达到第（一）项至第

（六）项规定标准，但分别达到其中两项以上标准一半以上的；（8）造成严重后果的。实施第二款规定的行为，数量或者数额达到第二款第（一）项至第（七）项规定标准五倍以上的，应当认定为刑法第三百六十三条第一款规定的"情节严重"；达到规定标准二十五倍以上的，应当认定为"情节特别严重"。

《中华人民共和国未成年人保护法》新旧条文对照表

《中华人民共和国未成年人保护法》已于 2020 年 10 月 17 日经第十三届全国人大常委会第二十二次会议第二次修订，将于 2021 年 6 月 1 日起施行。新法增加"网络保护""政府保护"两章，条文从七十二条增加到一百三十二条。为方便大家学习了解，附录《中华人民共和国未成年人保护法》新旧条文对照表，供参考借鉴。

注：黑体为新法调整。

修改前	修改后
中华人民共和国未成年人保护法（2012 年修正）	中华人民共和国未成年人保护法（**2020 年修订**）
第一章　总　　则	第一章　总　　则
第一条　为了保护未成年人的身心健康，保障未成年人的合法权益，促进未成年人在品德、智力、体质等方面全面发展，培养有理想、有道德、有文化、有纪律的社会主义建设者和接班人，根据宪法，制定本法。	**第一条**　为了保护未成年人身心健康，保障未成年人合法权益，促进未成年人**德智体美劳**全面发展，培养有理想、有道德、有文化、有纪律的社会主义建设者和接班人，**培养担当民族复兴大任的时代新人**，根据宪法，制定本法。
第二条　本法所称未成年人是指未满十八周岁的公民。	**第二条**　本法所称未成年人是指未满十八周岁的公民。
第三条　未成年人享有生存权、发展权、受保护权、参与权等权利，国家根据未成年人身心发展特点给予特殊、优先保护，保障未成年人的合法权益不受侵犯。 未成年人享有受教育权，国家、社会、学校和家庭尊重和保障未成年人的受教育权。 未成年人不分性别、民族、种族、家庭财产状况、宗教信仰等，依法平等地享有权利。	**第三条**　国家保障未成年人的生存权、发展权、受保护权、参与权等权利。 未成年人依法平等地享有**各项权利，不因本人及其父母或者其他监护人的民族、种族、性别、户籍、职业、宗教信仰、教育程度、家庭状况、身心健康状况等受到歧视**。

第五条 保护未成年人的工作，应当遵循下列原则： （一）尊重未成年人的人格尊严； （二）适应未成年人身心发展的规律和特点； （三）教育与保护相结合。	**第四条** 保护未成年人，应当坚持最有利于未成年人的原则。处理涉及未成年人事项，应当符合下列要求： （一）给予未成年人特殊、优先保护； （二）尊重未成年人人格尊严； （三）保护未成年人隐私权和个人信息； （四）适应未成年人身心健康发展的规律和特点； （五）听取未成年人的意见； （六）保护与教育相结合。
第四条 国家、社会、学校和家庭对未成年人进行理想教育、道德教育、文化教育、纪律和法制教育，进行爱国主义、集体主义和社会主义的教育，提倡爱祖国、爱人民、爱劳动、爱科学、爱社会主义的公德，反对资本主义的、封建主义的和其他的腐朽思想的侵蚀。	**第五条** 国家、社会、学校和家庭应当对未成年人进行理想教育、道德教育、科学教育、文化教育、法治教育、国家安全教育、健康教育、劳动教育，加强爱国主义、集体主义和中国特色社会主义的教育，培养爱祖国、爱人民、爱劳动、爱科学、爱社会主义的公德，抵制资本主义、封建主义和其他腐朽思想的侵蚀，引导未成年人树立和践行社会主义核心价值观。
第六条 保护未成年人，是国家机关、武装力量、政党、社会团体、企业事业组织、城乡基层群众性自治组织、未成年人的监护人和其他成年公民的共同责任。 对侵犯未成年人合法权益的行为，任何组织和个人都有权予以劝阻、制止或者向有关部门提出检举或者控告。 国家、社会、学校和家庭应当教育和帮助未成年人维护自己的合法权益，增强自我保护的意识和能力，增强社会责任感。	**第六条** 保护未成年人，是国家机关、武装力量、政党、人民团体、企业事业单位、社会组织、城乡基层群众性自治组织、未成年人的监护人以及其他成年人的共同责任。 国家、社会、学校和家庭应当教育和帮助未成年人维护自身合法权益，增强自我保护的意识和能力。
第十二条 父母或者其他监护人应当学习家庭教育知识，正确履行监护职责，抚养教育未成年人。 有关国家机关和社会组织应当为未成年人的父母或者其他监护人提供家庭教育指导。	**第七条** 未成年人的父母或者其他监护人依法对未成年人承担监护职责。 国家采取措施指导、支持、帮助和监督未成年人的父母或者其他监护人履行监护职责。
第七条 中央和地方各级国家机关应当在各自的职责范围内做好未成年人保护工作。 国务院和地方各级人民政府领导有关部门做好未成年人保护工作；将未成年人保护工作纳入国民经济和社会发展规划以及年度计划，相关经费纳入本级政府预算。	**第八条** 县级以上人民政府应当将未成年人保护工作纳入国民经济和社会发展规划，相关经费纳入本级政府预算。 **第九条** 县级以上人民政府应当建立未成年人保护工作协调机制，统筹、协调、督促和指导有关部门在各自职责范围内做好未成年人

国务院和省、自治区、直辖市人民政府采取组织措施，协调有关部门做好未成年人保护工作。具体机构由国务院和省、自治区、直辖市人民政府规定。	保护工作。协调机制具体工作由县级以上人民政府民政部门承担，省级人民政府也可以根据本地实际情况确定由其他有关部门承担。
第八条　共产主义青年团、妇女联合会、工会、青年联合会、学生联合会、少年先锋队以及其他有关社会团体，协助各级人民政府做好未成年人保护工作，维护未成年人的合法权益。	**第十条**　共产主义青年团、妇女联合会、工会、残疾人联合会、关心下一代工作委员会、青年联合会、学生联合会、少年先锋队以及其他人民团体、有关社会组织，应当协助各级人民政府及其有关部门、人民检察院、人民法院做好未成年人保护工作，维护未成年人合法权益。
	第十一条　任何组织或者个人发现不利于未成年人身心健康或者侵犯未成年人合法权益的情形，都有权劝阻、制止或者向公安、民政、教育等有关部门提出检举、控告。 　　国家机关、居民委员会、村民委员会、密切接触未成年人的单位及其工作人员，在工作中发现未成年人身心健康受到侵害、疑似受到侵害或者面临其他危险情形的，应当立即向公安、民政、教育等有关部门报告。 　　有关部门接到涉及未成年人的检举、控告或者报告，应当依法及时受理、处置，并以适当方式将处理结果告知相关单位和人员。
	第十二条　国家鼓励和支持未成年人保护方面的科学研究，建设相关学科、设置相关专业，加强人才培养。
	第十三条　国家建立健全未成年人统计调查制度，开展未成年人健康、受教育等状况的统计、调查和分析，发布未成年人保护的有关信息。
第九条　各级人民政府和有关部门对保护未成年人有显著成绩的组织和个人，给予表彰和奖励。	**第十四条**　国家对保护未成年人有显著成绩的组织和个人给予表彰和奖励。
第二章　家庭保护	**第二章　家庭保护**
第十条　父母或者其他监护人应当创造良好、和睦的家庭环境，依法履行对未成年人的监护职责和抚养义务。 　　禁止对未成年人实施家庭暴力，禁止虐待、遗弃未成年人，禁止溺婴和其他残害婴儿的行为，不得歧视女性未成年人或者有残疾的未成年人。	

第十一条 父母或者其他监护人应当关注未成年人的生理、心理状况和行为习惯，以健康的思想、良好的品行和适当的方法教育和影响未成年人，引导未成年人进行有益身心健康的活动，预防和制止未成年人吸烟、酗酒、流浪、沉迷网络以及赌博、吸毒、卖淫等行为。	
第十二条 父母或者其他监护人应当学习家庭教育知识，正确履行监护职责，抚养教育未成年人。 有关国家机关和社会组织应当为未成年人的父母或者其他监护人提供家庭教育指导。	**第十五条** 未成年人的父母或者其他监护人应当学习家庭教育知识，**接受家庭教育指导，创造良好、和睦、文明的家庭环境。** 共同生活的其他成年家庭成员应当协助未成年人的父母或者其他监护人抚养、教育和保护未成年人。
第十三条 父母或者其他监护人应当尊重未成年人受教育的权利，必须使适龄未成年人依法入学接受并完成义务教育，不得使接受义务教育的未成年人辍学。	
	第十六条 未成年人的父母或者其他监护人应当履行下列监护职责： （一）为未成年人提供生活、健康、安全等方面的保障； （二）关注未成年人的生理、心理状况和情感需求； （三）教育和引导未成年人遵纪守法、勤俭节约，养成良好的思想品德和行为习惯； （四）对未成年人进行安全教育，提高未成年人的自我保护意识和能力； （五）尊重未成年人受教育的权利，保障适龄未成年人依法接受并完成义务教育； （六）保障未成年人休息、娱乐和体育锻炼的时间，引导未成年人进行有益身心健康的活动； （七）妥善管理和保护未成年人的财产； （八）依法代理未成年人实施民事法律行为； （九）预防和制止未成年人的不良行为和违法犯罪行为，并进行合理管教； （十）其他应当履行的监护职责。

	第十七条 未成年人的父母或者其他监护人不得实施下列行为：
	（一）虐待、遗弃、非法送养未成年人或者对未成年人实施家庭暴力；
	（二）放任、教唆或者利用未成年人实施违法犯罪行为；
	（三）放任、唆使未成年人参与邪教、迷信活动或者接受恐怖主义、分裂主义、极端主义等侵害；
	（四）放任、唆使未成年人吸烟（含电子烟，下同）、饮酒、赌博、流浪乞讨或者欺凌他人；
	（五）放任或者迫使应当接受义务教育的未成年人失学、辍学；
	（六）放任未成年人沉迷网络，接触危害或者可能影响其身心健康的图书、报刊、电影、广播电视节目、音像制品、电子出版物和网络信息等；
	（七）放任未成年人进入营业性娱乐场所、酒吧、互联网上网服务营业场所等不适宜未成年人活动的场所；
	（八）允许或者迫使未成年人从事国家规定以外的劳动；
	（九）允许、迫使未成年人结婚或者为未成年人订立婚约；
	（十）违法处分、侵吞未成年人的财产或者利用未成年人牟取不正当利益；
	（十一）其他侵犯未成年人身心健康、财产权益或者不依法履行未成年人保护义务的行为。
	第十八条 未成年人的父母或者其他监护人应当为未成年人提供安全的家庭生活环境，及时排除引发触电、烫伤、跌落等伤害的安全隐患；采取配备儿童安全座椅、教育未成年人遵守交通规则等措施，防止未成年人受到交通事故的伤害；提高户外安全保护意识，避免未成年人发生溺水、动物伤害等事故。
第十四条 父母或者其他监护人应当根据未成年人的年龄和智力发展状况，在作出与未成年人权益有关的决定时告知其本人，并听取他们的意见。	第十九条 未成年人的父母或者其他监护人应当根据未成年人的年龄和智力发展状况，在作出与未成年人权益有关的决定**前**，听取未成年人的意见，**充分考虑其真实意愿**。

第十五条 父母或者其他监护人不得允许或者迫使未成年人结婚，不得为未成年人订立婚约。	
	第二十条 未成年人的父母或者其他监护人发现未成年人身心健康受到侵害、疑似受到侵害或者其他合法权益受到侵犯的，应当及时了解情况并采取保护措施；情况严重的，应当立即向公安、民政、教育等部门报告。
	第二十一条 未成年人的父母或者其他监护人不得使未满八周岁或者由于身体、心理原因需要特别照顾的未成年人处于无人看护状态，或者将其交由无民事行为能力、限制民事行为能力、患有严重传染性疾病或者其他不适宜的人员临时照护。 未成年人的父母或者其他监护人不得使未满十六周岁的未成年人脱离监护单独生活。
第十六条 父母因外出务工或者其他原因不能履行对未成年人监护职责的，应当委托有监护能力的其他成年人代为监护。	**第二十二条** 未成年人的父母或者其他监护人因外出务工等原因在一定期限内不能完全履行监护职责的，应当委托具有照护能力的完全民事行为能力人代为照护；无正当理由的，不得委托他人代为照护。 未成年人的父母或者其他监护人在确定被委托人时，应当综合考虑其道德品质、家庭状况、身心健康状况、与未成年人生活情感上的联系等情况，并听取有表达意愿能力未成年人的意见。 具有下列情形之一的，不得作为被委托人： （一）曾实施性侵害、虐待、遗弃、拐卖、暴力伤害等违法犯罪行为； （二）有吸毒、酗酒、赌博等恶习； （三）曾拒不履行或者长期怠于履行监护、照护职责； （四）其他不适宜担任被委托人的情形。
	第二十三条 未成年人的父母或者其他监护人应当及时将委托照护情况书面告知未成年人所在学校、幼儿园和实际居住地的居民委员会、村民委员会，加强和未成年人所在学校、幼儿园的沟通；与未成年人、被委托人至少每周联系和交流一次，了解未成年人的生活、学习、心理等情况，并给予未成年人亲情关爱。

	未成年人的父母或者其他监护人接到被委托人、居民委员会、村民委员会、学校、幼儿园等关于未成年人心理、行为异常的通知后，应当及时采取干预措施。
	第二十四条 未成年人的父母离婚时，应当妥善处理未成年子女的抚养、教育、探望、财产等事宜，听取有表达意愿能力未成年人的意见。不得以抢夺、藏匿未成年子女等方式争夺抚养权。 未成年人的父母离婚后，不直接抚养未成年子女的一方应当依照协议、人民法院判决或者调解确定的时间和方式，在不影响未成年人学习、生活的情况下探望未成年子女，直接抚养的一方应当配合，但被人民法院依法中止探望权的除外。
第三章 学校保护	第三章 学校保护
第十七条 学校应当全面贯彻国家的教育方针，实施素质教育，提高教育质量，注重培养未成年学生独立思考能力、创新能力和实践能力，促进未成年学生全面发展。	第二十五条 学校应当全面贯彻国家教育方针，坚持立德树人，实施素质教育，提高教育质量，注重培养未成年学生认知能力、合作能力、创新能力和实践能力，促进未成年学生全面发展。学校应当建立未成年学生保护工作制度，健全学生行为规范，培养未成年学生遵纪守法的良好行为习惯。
第二十六条 幼儿园应当做好保育、教育工作，促进幼儿在体质、智力、品德等方面和谐发展。	第二十六条 幼儿园应当做好保育、教育工作，遵循幼儿身心发展规律，实施启蒙教育，促进幼儿在体质、智力、品德等方面和谐发展。
第二十一条 学校、幼儿园、托儿所的教职员工应当尊重未成年人的人格尊严，不得对未成年人实施体罚、变相体罚或者其他侮辱人格尊严的行为。	第二十七条 学校、幼儿园的教职员工应当尊重未成年人人格尊严，不得对未成年人实施体罚、变相体罚或者其他侮辱人格尊严的行为。
	第二十八条 学校应当保障未成年学生受教育的权利，不得违反国家规定开除、变相开除未成年学生。 学校应当对尚未完成义务教育的辍学未成年学生进行登记并劝返复学；劝返无效的，应当及时向教育行政部门书面报告。

第十八条　学校应当尊重未成年学生受教育的权利，关心、爱护学生，对品行有缺点、学习有困难的学生，应当耐心教育、帮助，不得歧视，不得违反法律和国家规定开除未成年学生。	第二十九条　学校应当关心、爱护未成年学生，不得因家庭、身体、心理、学习能力等情况歧视学生。对家庭困难、身心有障碍的学生，应当提供关爱；对行为异常、学习有困难的学生，应当耐心帮助。 学校应当配合政府有关部门建立留守未成年学生、困境未成年学生的信息档案，开展关爱帮扶工作。
第十九条　学校应当根据未成年学生身心发展的特点，对他们进行社会生活指导、心理健康辅导和青春期教育。	第三十条　学校应当根据未成年学生身心发展特点，进行社会生活指导、心理健康辅导、青春期教育和生命教育。
	第三十一条　学校应当组织未成年学生参加与其年龄相适应的日常生活劳动、生产劳动和服务性劳动，帮助未成年学生掌握必要的劳动知识和技能，养成良好的劳动习惯。
	第三十二条　学校、幼儿园应当开展勤俭节约、反对浪费、珍惜粮食、文明饮食等宣传教育活动，帮助未成年人树立浪费可耻、节约为荣的意识，养成文明健康、绿色环保的生活习惯。
第二十条　学校应当与未成年学生的父母或者其他监护人互相配合，保证未成年学生的睡眠、娱乐和体育锻炼时间，不得加重其学习负担。	第三十三条　学校应当与未成年学生的父母或者其他监护人互相配合，合理安排未成年学生的学习时间，保障其休息、娱乐和体育锻炼的时间。 学校不得占用国家法定节假日、休息日及寒暑假期，组织义务教育阶段的未成年学生集体补课，加重其学习负担。 幼儿园、校外培训机构不得对学龄前未成年人进行小学课程教育。
	第三十四条　学校、幼儿园应当提供必要的卫生保健条件，协助卫生健康部门做好在校、在园未成年人的卫生保健工作。
第二十二条　学校、幼儿园、托儿所应当建立安全制度，加强对未成年人的安全教育，采取措施保障未成年人的人身安全。 学校、幼儿园、托儿所不得在危及未成年人人身安全、健康的校舍和其他设施、场所中进行教育教学活动。 学校、幼儿园安排未成年人参加集会、文化娱乐、社会实践等集体活动，应当有利于未成年人的健康成长，防止发生人身安全事故。	第三十五条　学校、幼儿园应当建立安全管理制度，对未成年人进行安全教育，完善安保设施、配备安保人员，保障未成年人在校、在园期间的人身和财产安全。 学校、幼儿园不得在危及未成年人人身安全、身心健康的校舍和其他设施、场所中进行教育教学活动。 学校、幼儿园安排未成年人参加文化娱乐、社会实践等集体活动，应当保护未成年人的身心健康，防止发生人身伤害事故。

	第三十六条 使用校车的学校、幼儿园应当建立健全校车安全管理制度,配备安全管理人员,定期对校车进行安全检查,对校车驾驶人进行安全教育,并向未成年人讲解校车安全乘坐知识,培养未成年人校车安全事故应急处理技能。
第二十三条 教育行政等部门和学校、幼儿园、托儿所应当根据需要,制定应对各种灾害、传染性疾病、食物中毒、意外伤害等突发事件的预案,配备相应设施并进行必要的演练,增强未成年人的自我保护意识和能力。 第二十四条 学校对未成年学生在校内或者本校组织的校外活动中发生人身伤害事故的,应当及时救护,妥善处理,并及时向有关主管部门报告。	第三十七条 学校、幼儿园应当根据需要,制定应对**自然灾害**、**事故灾难**、**公共卫生事件**等突发事件和意外伤害的预案,配备相应设施并**定期**进行必要的演练。 未成年人在校内、**园内**或者本校、**本园**组织的校外、**园外**活动中发生人身伤害事故的,**学校、幼儿园**应当立即救护,妥善处理,**及时通知**未成年人的父母或者其他监护人,并向有关部门报告。
第二十五条 对于在学校接受教育的有严重不良行为的未成年学生,学校和父母或者其他监护人应当互相配合加以管教;无力管教或者管教无效的,可以按照有关规定将其送专门学校继续接受教育。 依法设置专门学校的地方人民政府应当保障专门学校的办学条件,教育行政部门应当加强对专门学校的管理和指导,有关部门应当给予协助和配合。 专门学校应当对在校就读的未成年学生进行思想教育、文化教育、纪律和法制教育、劳动技术教育和职业教育。 专门学校的教职员工应当关心、爱护、尊重学生,不得歧视、厌弃。	
	第三十八条 学校、幼儿园不得安排未成年人参加商业性活动,不得向未成年人及其父母或者其他监护人推销或者要求其购买指定的商品和服务。 学校、幼儿园不得与校外培训机构合作为未成年人提供有偿课程辅导。
	第三十九条 学校应当建立学生欺凌防控工作制度,对教职员工、学生等开展防治学生欺凌的教育和培训。 学校对学生欺凌行为应当立即制止,通知实施欺凌和被欺凌未成年学生的父母或者其他

	监护人参与欺凌行为的认定和处理；对相关未成年学生及时给予心理辅导、教育和引导；对相关未成年学生的父母或者其他监护人给予必要的家庭教育指导。 对实施欺凌的未成年学生，学校应当根据欺凌行为的性质和程度，依法加强管教。对严重的欺凌行为，学校不得隐瞒，应当及时向公安机关、教育行政部门报告，并配合相关部门依法处理。
	第四十条　学校、幼儿园应当建立预防性侵害、性骚扰未成年人工作制度。对性侵害、性骚扰未成年人等违法犯罪行为，学校、幼儿园不得隐瞒，应当及时向公安机关、教育行政部门报告，并配合相关部门依法处理。 学校、幼儿园应当对未成年人开展适合其年龄的性教育，提高未成年人防范性侵害、性骚扰的自我保护意识和能力。对遭受性侵害、性骚扰的未成年人，学校、幼儿园应当及时采取相关的保护措施。
	第四十一条　婴幼儿照护服务机构、早期教育服务机构、校外培训机构、校外托管机构等应当参照本章有关规定，根据不同年龄阶段未成年人的成长特点和规律，做好未成年人保护工作。
第四章　社会保护	第四章　社会保护
第二十七条　全社会应当树立尊重、保护、教育未成年人的良好风尚，关心、爱护未成年人。国家鼓励社会团体、企业事业组织以及其他组织和个人，开展多种形式的有利于未成年人健康成长的社会活动。	第四十二条　全社会应当树立关心、爱护未成年人的良好风尚。 国家鼓励、支持和引导人民团体、企业事业单位、社会组织以及其他组织和个人，开展有利于未成年人健康成长的社会活动和服务。
第二十八条　各级人民政府应当保障未成年人受教育的权利，并采取措施保障家庭经济困难的、残疾的和流动人口中的未成年人等接受义务教育。	
	第四十三条　居民委员会、村民委员会应当设置专人专岗负责未成年人保护工作，协助政府有关部门宣传未成年人保护方面的法律法规，指导、帮助和监督未成年人的父母或者其他监护人依法履行监护职责，建立留守未成年人、困境未成年人的信息档案并给予关爱帮扶。

	居民委员会、村民委员会应当协助政府有关部门监督未成年人委托照护情况，发现被委托人缺乏照护能力、怠于履行照护职责等情况，应当及时向政府有关部门报告，并告知未成年人的父母或者其他监护人，帮助、督促被委托人履行照护职责。
第三十条　爱国主义教育基地、图书馆、青少年宫、儿童活动中心应当对未成年人免费开放；博物馆、纪念馆、科技馆、展览馆、美术馆、文化馆以及影剧院、体育场馆、动物园、公园等场所，应当按照有关规定对未成年人免费或者优惠开放。 第三十二条　国家鼓励新闻、出版、信息产业、广播、电影、电视、文艺等单位和作家、艺术家、科学家以及其他公民，创作或者提供有利于未成年人健康成长的作品。出版、制作和传播专门以未成年人为对象的内容健康的图书、报刊、音像制品、电子出版物以及网络信息等，国家给予扶持。 国家鼓励科研机构和科技团体对未成年人开展科学知识普及活动。	第四十四条　爱国主义教育基地、图书馆、青少年宫、儿童活动中心、**儿童之家**应当对未成年人免费开放；博物馆、纪念馆、科技馆、展览馆、美术馆、文化馆、**社区公益性互联网上网服务场所**以及影剧院、体育场馆、动物园、**植物园**、公园等场所，应当按照有关规定对未成年人免费或者优惠开放。 **国家鼓励爱国主义教育基地、博物馆、科技馆、美术馆等公共场馆开设未成年人专场，为未成年人提供有针对性的服务。** **国家鼓励国家机关、企业事业单位、部队等开发自身教育资源，设立未成年人开放日，为未成年人主题教育、社会实践、职业体验等提供支持。** 国家鼓励科研机构和**科技类社会组织**对未成年人开展科学普及活动。
第三十一条　县级以上人民政府及其教育行政部门应当采取措施，鼓励和支持中小学校在节假日期间将文化体育设施对未成年人免费或者优惠开放。 社区中的公益性互联网上网服务设施，应当对未成年人免费或者优惠开放，为未成年人提供安全、健康的上网服务。	
	第四十五条　城市公共交通以及公路、铁路、水路、航空客运等应当按照有关规定对未成年人实施免费或者优惠票价。
	第四十六条　国家鼓励大型公共场所、公共交通工具、旅游景区景点等设置母婴室、婴儿护理台以及方便幼儿使用的坐便器、洗手台等卫生设施，为未成年人提供便利。
	第四十七条　任何组织或者个人不得违反有关规定，限制未成年人应当享有的照顾或者优惠。

第三十二条 国家鼓励新闻、出版、信息产业、广播、电影、电视、文艺等单位和作家、艺术家、科学家以及其他公民，创作或者提供有利于未成年人健康成长的作品。出版、制作和传播专门以未成年人为对象的内容健康的图书、报刊、音像制品、电子出版物以及网络信息等，国家给予扶持。 国家鼓励科研机构和科技团体对未成年人开展科学知识普及活动。	第四十八条 国家鼓励创作、出版、制作和传播有利于未成年人健康成长的图书、报刊、电影、广播电视节目、舞台艺术作品、音像制品、电子出版物和网络信息等。
	第四十九条 新闻媒体应当加强未成年人保护方面的宣传，对侵犯未成年人合法权益的行为进行舆论监督。新闻媒体采访报道涉及未成年人事件应当客观、审慎和适度，不得侵犯未成年人的名誉、隐私和其他合法权益。
第三十四条 禁止任何组织、个人制作或者向未成年人出售、出租或者以其他方式传播淫秽、暴力、凶杀、恐怖、赌博等毒害未成年人的图书、报刊、音像制品、电子出版物以及网络信息等。	第五十条 禁止制作、复制、出版、发布、传播含有宣扬淫秽、色情、暴力、邪教、迷信、赌博、引诱自杀、恐怖主义、分裂主义、极端主义等危害未成年人身心健康内容的图书、报刊、电影、广播电视节目、舞台艺术作品、音像制品、电子出版物和网络信息等。
	第五十一条 任何组织或者个人出版、发布、传播的图书、报刊、电影、广播电视节目、舞台艺术作品、音像制品、电子出版物或者网络信息，包含可能影响未成年人身心健康内容的，应当以显著方式作出提示。
	第五十二条 禁止制作、复制、发布、传播或者持有有关未成年人的淫秽色情物品和网络信息。
	第五十三条 任何组织或者个人不得刊登、播放、张贴或者散发含有危害未成年人身心健康内容的广告；不得在学校、幼儿园播放、张贴或者散发商业广告；不得利用校服、教材等发布或者变相发布商业广告。
第四十一条 禁止拐卖、绑架、虐待未成年人，禁止对未成年人实施性侵害。 禁止胁迫、诱骗、利用未成年人乞讨或者组织未成年人进行有害其身心健康的表演等活动。	第五十四条 禁止拐卖、绑架、虐待、非法收养未成年人，禁止对未成年人实施性侵害、性骚扰。 禁止胁迫、引诱、教唆未成年人参加黑社会性质组织或者从事违法犯罪活动。 禁止胁迫、诱骗、利用未成年人乞讨。

第三十五条　生产、销售用于未成年人的食品、药品、玩具、用具和游乐设施等，应当符合国家标准或者行业标准，不得有害于未成年人的安全和健康；需要标明注意事项的，应当在显著位置标明。	**第五十五条**　生产、销售用于未成年人的食品、药品、玩具、用具和**游戏游艺设备**、游乐设施等，应当符合国家或者行业标准，不得危害未成年人的**人身**安全和**身心**健康。上述产品的生产者应当在显著位置标明**注意事项，未标明注意事项的不得销售**。
第四十条　学校、幼儿园、托儿所和公共场所发生突发事件时，应当优先救护未成年人。	**第五十六条**　未成年人集中活动的公共场所应当符合国家或者行业安全标准，并采取相应安全保护措施。对可能存在安全风险的设施，应当定期进行维护，在显著位置设置安全警示标志并标明适龄范围和注意事项；必要时应当安排专门人员看管。 　　大型的商场、超市、医院、图书馆、博物馆、科技馆、游乐场、车站、码头、机场、旅游景区景点等场所运营单位应当设置搜寻走失未成年人的安全警报系统。场所运营单位接到求助后，应当立即启动安全警报系统，组织人员进行搜寻并向公安机关报告。 　　公共场所发生突发事件时，应当优先救护未成年人。
	第五十七条　旅馆、宾馆、酒店等住宿经营者接待未成年人入住，或者接待未成年人和成年人共同入住时，应当询问父母或者其他监护人的联系方式、入住人员的身份关系等有关情况；发现有违法犯罪嫌疑的，应当立即向公安机关报告，并及时联系未成年人的父母或者其他监护人。
第三十六条　中小学校园周边不得设置营业性歌舞娱乐场所、互联网上网服务营业场所等不适宜未成年人活动的场所。 　　营业性歌舞娱乐场所、互联网上网服务营业场所等不适宜未成年人活动的场所，不得允许未成年人进入，经营者应当在显著位置设置未成年人禁入标志；对难以判明是否已成年的，应当要求其出示身份证件。	**第五十八条**　学校、**幼儿园**周边不得设置营业性娱乐场所、**酒吧**、互联网上网服务营业场所等不适宜未成年人活动的场所。营业性歌舞娱乐场所、**酒吧**、互联网上网服务营业场所等不适宜未成年人活动场所**的经营者**，不得允许未成年人进入；**游艺娱乐场所设置的电子游戏设备，除国家法定节假日外，不得向未成年人提供**。经营者应当在显著位置设置未成年人禁入、**限入**标志；对难以判明是否**是**未成年人**的**，应当要求其出示身份证件。

第三十七条 禁止向未成年人出售烟酒，经营者应当在显著位置设置不向未成年人出售烟酒的标志；对难以判明是否已成年的，应当要求其出示身份证件。 任何人不得在中小学校、幼儿园、托儿所的教室、寝室、活动室和其他未成年人集中活动的场所吸烟、饮酒。	第五十九条 学校、幼儿园周边不得设置烟、酒、彩票销售网点。禁止向未成年人销售烟、酒、彩票或者兑付彩票奖金。烟、酒和彩票经营者应当在显著位置设置不向未成年人销售烟、酒或者彩票的标志；对难以判明是否是未成年人的，应当要求其出示身份证件。 任何人不得在学校、幼儿园和其他未成年人集中活动的公共场所吸烟、饮酒。
	第六十条 禁止向未成年人提供、销售管制刀具或者其他可能致人严重伤害的器具等物品。经营者难以判明购买者是否是未成年人的，应当要求其出示身份证件。
第三十八条 任何组织或者个人不得招用未满十六周岁的未成年人，国家另有规定的除外。 任何组织或者个人按照国家有关规定招用已满十六周岁未满十八周岁的未成年人的，应当执行国家在工种、劳动时间、劳动强度和保护措施等方面的规定，不得安排其从事过重、有毒、有害等危害未成年人身心健康的劳动或者危险作业。	第六十一条 任何组织或者个人不得招用未满十六周岁未成年人，国家另有规定的除外。 营业性娱乐场所、酒吧、互联网上网服务营业场所等不适宜未成年人活动的场所不得招用已满十六周岁的未成年人。 招用已满十六周岁未成年人的单位和个人应当执行国家在工种、劳动时间、劳动强度和保护措施等方面的规定，不得安排其从事过重、有毒、有害等危害未成年人身心健康的劳动或者危险作业。 任何组织或者个人不得组织未成年人进行危害其身心健康的表演等活动。经未成年人的父母或者其他监护人同意，未成年人参与演出、节目制作等活动，活动组织方应当根据国家有关规定，保障未成年人合法权益。
	第六十二条 密切接触未成年人的单位招聘工作人员时，应当向公安机关、人民检察院查询应聘者是否具有性侵害、虐待、拐卖、暴力伤害等违法犯罪记录；发现其具有前述行为记录的，不得录用。 密切接触未成年人的单位应当每年定期对工作人员是否具有上述违法犯罪记录进行查询。通过查询或者其他方式发现其工作人员具有上述行为的，应当及时解聘。

第三十九条 任何组织或者个人不得披露未成年人的个人隐私。 对未成年人的信件、日记、电子邮件，任何组织或者个人不得隐匿、毁弃；除因追查犯罪的需要，由公安机关或者人民检察院依法进行检查，或者对无行为能力的未成年人的信件、日记、电子邮件由其父母或者其他监护人代为开拆、查阅外，任何组织或者个人不得开拆、查阅。	第六十三条 任何组织或者个人不得隐匿、毁弃、非法删除未成年人的信件、日记、电子邮件或者其他网络通讯内容。 除下列情形外，任何组织或者个人不得开拆、查阅未成年人的信件、日记、电子邮件或者其他网络通讯内容： （一）无民事行为能力未成年人的父母或者其他监护人代未成年人开拆、查阅； （二）因国家安全或者追查刑事犯罪依法进行检查； （三）紧急情况下为了保护未成年人本人的人身安全。
第四十六条 国家依法保护未成年人的智力成果和荣誉权不受侵犯。	
	第五章 网络保护
	第六十四条 国家、社会、学校和家庭应当加强未成年人网络素养宣传教育，培养和提高未成年人的网络素养，增强未成年人科学、文明、安全、合理使用网络的意识和能力，保障未成年人在网络空间的合法权益。
第三十三条 国家采取措施，预防未成年人沉迷网络。 国家鼓励研究开发有利于未成年人健康成长的网络产品，推广用于阻止未成年人沉迷网络的新技术。	第六十五条 国家鼓励和支持有利于未成年人健康成长的网络内容的创作与传播，鼓励和支持专门以未成年人为服务对象、适合未成年人身心健康特点的网络技术、产品、服务的研发、生产和使用。
	第六十六条 网信部门及其他有关部门应当加强对未成年人网络保护工作的监督检查，依法惩处利用网络从事危害未成年人身心健康的活动，为未成年人提供安全、健康的网络环境。
	第六十七条 网信部门会同公安、文化和旅游、新闻出版、电影、广播电视等部门根据保护不同年龄阶段未成年人的需要，确定可能影响未成年人身心健康网络信息的种类、范围和判断标准。
	第六十八条 新闻出版、教育、卫生健康、文化和旅游、网信等部门应当定期开展预防未成年人沉迷网络的宣传教育，监督网络产品和服务提供者履行预防未成年人沉迷网络的

	义务，指导家庭、学校、社会组织互相配合，采取科学、合理的方式对未成年人沉迷网络进行预防和干预。 任何组织或者个人不得以侵害未成年人身心健康的方式对未成年人沉迷网络进行干预。
	第六十九条　学校、社区、图书馆、文化馆、青少年宫等场所为未成年人提供的互联网上网服务设施，应当安装未成年人网络保护软件或者采取其他安全保护技术措施。 智能终端产品的制造者、销售者应当在产品上安装未成年人网络保护软件，或者以显著方式告知用户未成年人网络保护软件的安装渠道和方法。
	第七十条　学校应当合理使用网络开展教学活动。未经学校允许，未成年学生不得将手机等智能终端产品带入课堂，带入学校的应当统一管理。 学校发现未成年学生沉迷网络的，应当及时告知其父母或者其他监护人，共同对未成年学生进行教育和引导，帮助其恢复正常的学习生活。
	第七十一条　未成年人的父母或者其他监护人应当提高网络素养，规范自身使用网络的行为，加强对未成年人使用网络行为的引导和监督。 未成年人的父母或者其他监护人应当通过在智能终端产品上安装未成年人网络保护软件、选择适合未成年人的服务模式和管理功能等方式，避免未成年人接触危害或者可能影响其身心健康的网络信息，合理安排未成年人使用网络的时间，有效预防未成年人沉迷网络。
	第七十二条　信息处理者通过网络处理未成年人个人信息的，应当遵循合法、正当和必要的原则。处理不满十四周岁未成年人个人信息的，应当征得未成年人的父母或者其他监护人同意，但法律、行政法规另有规定的除外。 未成年人、父母或者其他监护人要求信息处理者更正、删除未成年人个人信息的，信息处理者应当及时采取措施予以更正、删除，但法律、行政法规另有规定的除外。

	第七十三条　网络服务提供者发现未成年人通过网络发布私密信息的，应当及时提示，并采取必要的保护措施。
	第七十四条　网络产品和服务提供者不得向未成年人提供诱导其沉迷的产品和服务。 网络游戏、网络直播、网络音视频、网络社交等网络服务提供者应当针对未成年人使用其服务设置相应的时间管理、权限管理、消费管理等功能。 以未成年人为服务对象的在线教育网络产品和服务，不得插入网络游戏链接，不得推送广告等与教学无关的信息。
	第七十五条　网络游戏经依法审批后方可运营。 国家建立统一的未成年人网络游戏电子身份认证系统。网络游戏服务提供者应当要求未成年人以真实身份信息注册并登录网络游戏。 网络游戏服务提供者应当按照国家有关规定和标准，对游戏产品进行分类，作出适龄提示，并采取技术措施，不得让未成年人接触不适宜的游戏或者游戏功能。 网络游戏服务提供者不得在每日二十二时至次日八时向未成年人提供网络游戏服务。
	第七十六条　网络直播服务提供者不得为未满十六周岁的未成年人提供网络直播发布者账号注册服务；为年满十六周岁的未成年人提供网络直播发布者账号注册服务时，应当对其身份信息进行认证，并征得其父母或者其他监护人同意。
	第七十七条　任何组织或者个人不得通过网络以文字、图片、音视频等形式，对未成年人实施侮辱、诽谤、威胁或者恶意损害形象等网络欺凌行为。 遭受网络欺凌的未成年人及其父母或者其他监护人有权通知网络服务提供者采取删除、屏蔽、断开链接等措施。网络服务提供者接到通知后，应当及时采取必要的措施制止网络欺凌行为，防止信息扩散。

	第七十八条 网络产品和服务提供者应当建立便捷、合理、有效的投诉和举报渠道，公开投诉、举报方式等信息，及时受理并处理涉及未成年人的投诉、举报。
	第七十九条 任何组织或者个人发现网络产品、服务含有危害未成年人身心健康的信息，有权向网络产品和服务提供者或者网信、公安等部门投诉、举报。
	第八十条 网络服务提供者发现用户发布、传播可能影响未成年人身心健康的信息且未作显著提示的，应当作出提示或者通知用户予以提示；未作出提示的，不得传输相关信息。 网络服务提供者发现用户发布、传播含有危害未成年人身心健康内容的信息的，应当立即停止传输相关信息，采取删除、屏蔽、断开链接等处置措施，保存有关记录，并向网信、公安等部门报告。 网络服务提供者发现用户利用其网络服务对未成年人实施违法犯罪行为的，应当立即停止向该用户提供网络服务，保存有关记录，并向公安机关报告。
	第六章 政府保护
	第八十一条 县级以上人民政府承担未成年人保护协调机制具体工作的职能部门应当明确相关内设机构或者专门人员，负责承担未成年人保护工作。 乡镇人民政府和街道办事处应当设立未成年人保护工作站或者指定专门人员，及时办理未成年人相关事务；支持、指导居民委员会、村民委员会设立专人专岗，做好未成年人保护工作。
	第八十二条 各级人民政府应当将家庭教育指导服务纳入城乡公共服务体系，开展家庭教育知识宣传，鼓励和支持有关人民团体、企业事业单位、社会组织开展家庭教育指导服务。
	第八十三条 各级人民政府应当保障未成年人受教育的权利，并采取措施保障留守未成年人、困境未成年人、残疾未成年人接受义务教育。

	对尚未完成义务教育的辍学未成年学生，教育行政部门应当责令父母或者其他监护人将其送入学校接受义务教育。
第四十五条 　地方各级人民政府应当积极发展托幼事业，办好托儿所、幼儿园，支持社会组织和个人依法兴办哺乳室、托儿所、幼儿园。 　　各级人民政府和有关部门应当采取多种形式，培养和训练幼儿园、托儿所的保教人员，提高其职业道德素质和业务能力。	**第八十四条** 　各级人民政府应当发展托育、学前教育事业，办好婴幼儿照护服务机构、幼儿园，支持社会力量依法兴办母婴室、婴幼儿照护服务机构、幼儿园。 　　县级以上地方人民政府及其有关部门应当培养和培训婴幼儿照护服务机构、幼儿园的保教人员，提高其职业道德素质和业务能力。
第四十七条 　未成年人已经完成规定年限的义务教育不再升学的，政府有关部门和社会团体、企业事业组织应当根据实际情况，对他们进行职业教育，为他们创造劳动就业条件。	**第八十五条** 　各级人民政府应当发展职业教育，保障未成年人接受职业教育或者职业技能培训，鼓励和支持人民团体、企业事业单位、社会组织为未成年人提供职业技能培训服务。
	第八十六条 　各级人民政府应当保障具有接受普通教育能力、能适应校园生活的残疾未成年人就近在普通学校、幼儿园接受教育；保障不具有接受普通教育能力的残疾未成年人在特殊教育学校、幼儿园接受学前教育、义务教育和职业教育。 　　各级人民政府应当保障特殊教育学校、幼儿园的办学、办园条件，鼓励和支持社会力量举办特殊教育学校、幼儿园。
	第八十七条 　地方人民政府及其有关部门应当保障校园安全，监督、指导学校、幼儿园等单位落实校园安全责任，建立突发事件的报告、处置和协调机制。
第四十二条 　公安机关应当采取有力措施，依法维护校园周边的治安和交通秩序，预防和制止侵害未成年人合法权益的违法犯罪行为。 　　任何组织或者个人不得扰乱教学秩序，不得侵占、破坏学校、幼儿园、托儿所的场地、房屋和设施。	**第八十八条** 　公安机关和其他有关部门应当依法维护校园周边的治安和交通秩序，设置监控设备和交通安全设施，预防和制止侵害未成年人的违法犯罪行为。
第二十九条 　各级人民政府应当建立和改善适合未成年人文化生活需要的活动场所和设施，鼓励社会力量兴办适合未成年人的活动场所，并加强管理。	**第八十九条** 　地方人民政府应当建立和改善适合未成年人的活动场所和设施，支持公益性未成年人活动场所和设施的建设和运行，鼓励社会力量兴办适合未成年人的活动场所和设施，并加强管理。

	地方人民政府应当采取措施，鼓励和支持学校在国家法定节假日、休息日及寒暑假期将文化体育设施对未成年人免费或者优惠开放。 地方人民政府应当采取措施，防止任何组织或者个人侵占、破坏学校、幼儿园、婴幼儿照护服务机构等未成年人活动场所的场地、房屋和设施。
第四十四条　卫生部门和学校应当对未成年人进行卫生保健和营养指导，提供必要的卫生保健条件，做好疾病预防工作。 卫生部门应当做好对儿童的预防接种工作，国家免疫规划项目的预防接种实行免费；积极防治儿童常见病、多发病，加强对传染病防治工作的监督管理，加强对幼儿园、托儿所卫生保健的业务指导和监督检查。	第九十条　各级人民政府及其有关部门应当对未成年人进行卫生保健和营养指导，提供卫生保健服务。 卫生健康部门应当依法对未成年人的疫苗预防接种进行规范，防治未成年人常见病、多发病，加强传染病防治和监督管理，做好伤害预防和干预，指导和监督学校、幼儿园、婴幼儿照护服务机构开展卫生保健工作。 教育行政部门应当加强未成年人的心理健康教育，建立未成年人心理问题的早期发现和及时干预机制。卫生健康部门应当做好未成年人心理治疗、心理危机干预以及精神障碍早期识别和诊断治疗等工作。
	第九十一条　各级人民政府及其有关部门对困境未成年人实施分类保障，采取措施满足其生活、教育、安全、医疗康复、住房等方面的基本需要。
	第九十二条　具有下列情形之一的，民政部门应当依法对未成年人进行临时监护： （一）未成年人流浪乞讨或者身份不明，暂时查找不到父母或者其他监护人； （二）监护人下落不明且无其他人可以担任监护人； （三）监护人因自身客观原因或者因发生自然灾害、事故灾难、公共卫生事件等突发事件不能履行监护职责，导致未成年人监护缺失； （四）监护人拒绝或者怠于履行监护职责，导致未成年人处于无人照料的状态； （五）监护人教唆、利用未成年人实施违法犯罪行为，未成年人需要被带离安置； （六）未成年人遭受监护人严重伤害或者面临人身安全威胁，需要被紧急安置； （七）法律规定的其他情形。

	第九十三条　对临时监护的未成年人，民政部门可以采取委托亲属抚养、家庭寄养等方式进行安置，也可以交由未成年人救助保护机构或者儿童福利机构进行收留、抚养。 临时监护期间，经民政部门评估，监护人重新具备履行监护职责条件的，民政部门可以将未成年人送回监护人抚养。
	第九十四条　具有下列情形之一的，民政部门应当依法对未成年人进行长期监护： （一）查找不到未成年人的父母或者其他监护人； （二）监护人死亡或者被宣告死亡且无其他人可以担任监护人； （三）监护人丧失监护能力且无其他人可以担任监护人； （四）人民法院判决撤销监护人资格并指定由民政部门担任监护人； （五）法律规定的其他情形。
	第九十五条　民政部门进行收养评估后，可以依法将其长期监护的未成年人交由符合条件的申请人收养。收养关系成立后，民政部门与未成年人的监护关系终止。
第四十三条　县级以上人民政府及其民政部门应当根据需要设立救助场所，对流浪乞讨等生活无着未成年人实施救助，承担临时监护责任；公安部门或者其他有关部门应当护送流浪乞讨或者离家出走的未成年人到救助场所，由救助场所予以救助和妥善照顾，并及时通知其父母或者其他监护人领回。 对孤儿、无法查明其父母或者其他监护人的以及其他生活无着的未成年人，由民政部门设立的儿童福利机构收留抚养。 未成年人救助机构、儿童福利机构及其工作人员应当依法履行职责，不得虐待、歧视未成年人；不得在办理收留抚养工作中牟取利益。	第九十六条　民政部门承担临时监护或者长期监护职责的，财政、教育、卫生健康、公安等部门应当根据各自职责予以配合。 县级以上人民政府及其民政部门应当根据需要设立未成年人救助保护机构、儿童福利机构，负责收留、抚养由民政部门监护的未成年人。
第四十八条　居民委员会、村民委员会应当协助有关部门教育和挽救违法犯罪的未成年人，预防和制止侵害未成年人合法权益的违法犯罪行为。	

第四十九条 未成年人的合法权益受到侵害的,被侵害人及其监护人或者其他组织和个人有权向有关部门投诉,有关部门应当依法及时处理。	
	第九十七条 县级以上人民政府应当开通全国统一的未成年人保护热线,及时受理、转介侵犯未成年人合法权益的投诉、举报;鼓励和支持人民团体、企业事业单位、社会组织参与建设未成年人保护服务平台、服务热线、服务站点,提供未成年人保护方面的咨询、帮助。
	第九十八条 国家建立性侵害、虐待、拐卖、暴力伤害等违法犯罪人员信息查询系统,向密切接触未成年人的单位提供免费查询服务。
	第九十九条 地方人民政府应当培育、引导和规范有关社会组织、社会工作者参与未成年人保护工作,开展家庭教育指导服务,为未成年人的心理辅导、康复救助、监护及收养评估等提供专业服务。
第五章 司法保护	**第七章 司法保护**
第五十条 公安机关、人民检察院、人民法院以及司法行政部门,应当依法履行职责,在司法活动中保护未成年人的合法权益。	**第一百条** 公安机关、人民检察院、人民法院和司法行政部门应当依法履行职责,保障未成年人合法权益。
	第一百零一条 公安机关、人民检察院、人民法院和司法行政部门应当确定专门机构或者指定专门人员,负责办理涉及未成年人案件。办理涉及未成年人案件的人员应当经过专门培训,熟悉未成年人身心特点。专门机构或者专门人员中,应当有女性工作人员。 公安机关、人民检察院、人民法院和司法行政部门应当对上述机构和人员实行与未成年人保护工作相适应的评价考核标准。
第五十五条 公安机关、人民检察院、人民法院办理未成年人犯罪案件和涉及未成年人权益保护案件,应当照顾未成年人身心发展特点,尊重他们的人格尊严,保障他们的合法权益,并根据需要设立专门机构或者指定专人办理。	**第一百零二条** 公安机关、人民检察院、人民法院和司法行政部门办理涉及未成年人案件,应当考虑未成年人身心特点和健康成长的需要,使用未成年人能够理解的语言和表达方式,听取未成年人的意见。

第五十八条 对未成年人犯罪案件，新闻报道、影视节目、公开出版物、网络等不得披露该未成年人的姓名、住所、照片、图像以及可能推断出该未成年人的资料。	第一百零三条 公安机关、人民检察院、人民法院、司法行政部门以及其他组织和个人不得披露有关案件中未成年人的姓名、影像、住所、就读学校以及其他可能识别出其身份的信息，但查找失踪、被拐卖未成年人等情形除外。
第五十一条 未成年人的合法权益受到侵害，依法向人民法院提起诉讼的，人民法院应当依法及时审理，并适应未成年人生理、心理特点和健康成长的需要，保障未成年人的合法权益。 在司法活动中对需要法律援助或者司法救助的未成年人，法律援助机构或者人民法院应当给予帮助，依法为其提供法律援助或者司法救助。	第一百零四条 对需要法律援助或者司法救助的未成年人，法律援助机构或者公安机关、人民检察院、人民法院和司法行政部门应当给予帮助，依法为其提供法律援助或者司法救助。 法律援助机构应当指派熟悉未成年人身心特点的律师为未成年人提供法律援助服务。 法律援助机构和律师协会应当对办理未成年人法律援助案件的律师进行指导和培训。
	第一百零五条 人民检察院通过行使检察权，对涉及未成年人的诉讼活动等依法进行监督。
	第一百零六条 未成年人合法权益受到侵犯，相关组织和个人未代为提起诉讼的，人民检察院可以督促、支持其提起诉讼；涉及公共利益的，人民检察院有权提起公益诉讼。
第五十二条 人民法院审理继承案件，应当依法保护未成年人的继承权和受遗赠权。 人民法院审理离婚案件，涉及未成年子女抚养问题的，应当听取有表达意愿能力的未成年子女的意见，根据保障子女权益的原则和双方具体情况依法处理。	第一百零七条 人民法院审理继承案件，应当依法保护未成年人的继承权和受遗赠权。 人民法院审理离婚案件，涉及未成年子女抚养问题的，应当尊重已满八周岁未成年子女的真实意愿，根据双方具体情况，按照最有利于未成年子女的原则依法处理。
第五十三条 父母或者其他监护人不履行监护职责或者侵害被监护的未成年人的合法权益，经教育不改的，人民法院可以根据有关人员或者有关单位的申请，撤销其监护人的资格，依法另行指定监护人。被撤销监护资格的父母应当依法继续负担抚养费用。	第一百零八条 未成年人的父母或者其他监护人不依法履行监护职责或者严重侵犯被监护的未成年人合法权益的，人民法院可以根据有关人员或者单位的申请，依法作出人身安全保护令或者撤销监护人资格。 被撤销监护人资格的父母或者其他监护人应当依法继续负担抚养费用。
	第一百零九条 人民法院审理离婚、抚养、收养、监护、探望等案件涉及未成年人的，可以自行或者委托社会组织对未成年人的相关情况进行社会调查。

第五十六条 讯问、审判未成年犯罪嫌疑人、被告人，询问未成年证人、被害人，应当依照刑事诉讼法的规定通知其法定代理人或者其他人员到场。 公安机关、人民检察院、人民法院办理未成年人遭受性侵害的刑事案件，应当保护被害人的名誉。	**第一百一十条** 公安机关、人民检察院、人民法院讯问未成年犯罪嫌疑人、被告人，询问未成年被害人、证人，应当依法通知其法定代理人或者其成年亲属、所在学校的代表等合适成年人到场，并采取适当方式，在适当场所进行，保障未成年人的名誉权、隐私权和其他合法权益。 人民法院开庭审理涉及未成年人案件，未成年被害人、证人一般不出庭作证；必须出庭的，应当采取保护其隐私的技术手段和心理干预等保护措施。
	第一百一十一条 公安机关、人民检察院、人民法院应当与其他有关政府部门、人民团体、社会组织互相配合，对遭受性侵害或者暴力伤害的未成年被害人及其家庭实施必要的心理干预、经济救助、法律援助、转学安置等保护措施。
	第一百一十二条 公安机关、人民检察院、人民法院办理未成年人遭受性侵害或者暴力伤害案件，在询问未成年被害人、证人时，应当采取同步录音录像等措施，尽量一次完成；未成年被害人、证人是女性的，应当由女性工作人员进行。
第五十四条 对违法犯罪的未成年人，实行教育、感化、挽救的方针，坚持教育为主、惩罚为辅的原则。 对违法犯罪的未成年人，应当依法从轻、减轻或者免除处罚。	**第一百一十三条** 对违法犯罪的未成年人，实行教育、感化、挽救的方针，坚持教育为主、惩罚为辅的原则。 对违法犯罪的未成年人依法处罚后，在升学、就业等方面不得歧视。
第五十七条 对羁押、服刑的未成年人，应当与成年人分别关押。 羁押、服刑的未成年人没有完成义务教育的，应当对其进行义务教育。 解除羁押、服刑期满的未成年人的复学、升学、就业不受歧视。	
第五十九条 对未成年人严重不良行为的矫治与犯罪行为的预防，依照预防未成年人犯罪法的规定执行。	

	第一百一十四条 公安机关、人民检察院、人民法院和司法行政部门发现有关单位未尽到未成年人教育、管理、救助、看护等保护职责的，应当向该单位提出建议。被建议单位应当在一个月内作出书面回复。
	第一百一十五条 公安机关、人民检察院、人民法院和司法行政部门应当结合实际，根据涉及未成年人案件的特点，开展未成年人法治宣传教育工作。
	第一百一十六条 国家鼓励和支持社会组织、社会工作者参与涉及未成年人案件中未成年人的心理干预、法律援助、社会调查、社会观护、教育矫治、社区矫正等工作。
第六章 法律责任	第八章 法律责任
	第一百一十七条 违反本法第十一条第二款规定，未履行报告义务造成严重后果的，由上级主管部门或者所在单位对直接负责的主管人员和其他直接责任人员依法给予处分。
第六十二条 父母或者其他监护人不依法履行监护职责，或者侵害未成年人合法权益的，由其所在单位或者居民委员会、村民委员会予以劝诫、制止；构成违反治安管理行为的，由公安机关依法给予行政处罚。	第一百一十八条 未成年人的父母或者其他监护人不依法履行监护职责或者侵犯未成年人合法权益的，由其居住地的居民委员会、村民委员会予以劝诫、制止；情节严重的，居民委员会、村民委员会应当及时向公安机关报告。 公安机关接到报告或者公安机关、人民检察院、人民法院在办理案件过程中发现未成年人的父母或者其他监护人存在上述情形的，应当予以训诫，并可以责令其接受家庭教育指导。
第六十三条 学校、幼儿园、托儿所侵害未成年人合法权益的，由教育行政部门或者其他有关部门责令改正；情节严重的，对直接负责的主管人员和其他直接责任人员依法给予处分。 学校、幼儿园、托儿所教职员工对未成年人实施体罚、变相体罚或者其他侮辱人格行为的，由其所在单位或者上级机关责令改正；情节严重的，依法给予处分。	第一百一十九条 学校、幼儿园、婴幼儿照护服务等机构及其教职员工违反本法第二十七条、第二十八条、第三十九条规定的，由公安、教育、卫生健康、市场监督管理等部门按照职责分工责令改正；拒不改正或者情节严重的，对直接负责的主管人员和其他直接责任人员依法给予处分。

	第一百二十条 违反本法第四十四条、第四十五条、第四十七条规定，未给予未成年人免费或者优惠待遇的，由市场监督管理、文化和旅游、交通运输等部门按照职责分工责令限期改正，给予警告；拒不改正的，处一万元以上十万元以下罚款。
	第一百二十一条 违反本法第五十条、第五十一条规定的，由新闻出版、广播电视、电影、网信等部门按照职责分工责令限期改正，给予警告，没收违法所得，可以并处十万元以下罚款；拒不改正或者情节严重的，责令暂停相关业务、停产停业或者吊销营业执照、吊销相关许可证，违法所得一百万元以上的，并处违法所得一倍以上十倍以下的罚款，没有违法所得或者违法所得不足一百万元的，并处十万元以上一百万元以下罚款。
	第一百二十二条 场所运营单位违反本法第五十六条第二款规定、住宿经营者违反本法第五十七条规定的，由市场监督管理、应急管理、公安等部门按照职责分工责令限期改正，给予警告；拒不改正或者造成严重后果的，责令停业整顿或者吊销营业执照、吊销相关许可证，并处一万元以上十万元以下罚款。
	第一百二十三条 相关经营者违反本法第五十八条、第五十九条第一款、第六十条规定的，由文化和旅游、市场监督管理、烟草专卖、公安等部门按照职责分工责令限期改正，给予警告，没收违法所得，可以并处五万元以下罚款；拒不改正或者情节严重的，责令停业整顿或者吊销营业执照、吊销相关许可证，可以并处五万元以上五十万元以下罚款。
	第一百二十四条 违反本法第五十九条第二款规定，在学校、幼儿园和其他未成年人集中活动的公共场所吸烟、饮酒的，由卫生健康、教育、市场监督管理等部门按照职责分工责令改正，给予警告，可以并处五百元以下罚款；场所管理者未及时制止的，由卫生健康、教育、市场监督管理等部门按照职责分工给予警告，并处一万元以下罚款。

	第一百二十五条 违反本法第六十一条规定的，由文化和旅游、人力资源和社会保障、市场监督管理等部门按照职责分工责令限期改正，给予警告，没收违法所得，可以并处十万元以下罚款；拒不改正或者情节严重的，责令停产停业或者吊销营业执照、吊销相关许可证，并处十万元以上一百万元以下罚款。
	第一百二十六条 密切接触未成年人的单位违反本法第六十二条规定，未履行查询义务，或者招用、继续聘用具有相关违法犯罪记录人员的，由教育、人力资源和社会保障、市场监督管理等部门按照职责分工责令限期改正，给予警告，并处五万元以下罚款；拒不改正或者造成严重后果的，责令停业整顿或者吊销营业执照、吊销相关许可证，并处五万元以上五十万元以下罚款，对直接负责的主管人员和其他直接责任人员依法给予处分。
	第一百二十七条 信息处理者违反本法第七十二条规定，或者网络产品和服务提供者违反本法第七十三条、第七十四条、第七十五条、第七十六条、第七十七条、第八十条规定的，由公安、网信、电信、新闻出版、广播电视、文化和旅游等有关部门按照职责分工责令改正，给予警告，没收违法所得，违法所得一百万元以上的，并处违法所得一倍以上十倍以下罚款，没有违法所得或者违法所得不足一百万元的，并处十万元以上一百万元以下罚款，对直接负责的主管人员和其他责任人员处一万元以上十万元以下罚款；拒不改正或者情节严重的，并可以责令暂停相关业务、停业整顿、关闭网站、吊销营业执照或者吊销相关许可证。
	第一百二十八条 国家机关工作人员玩忽职守、滥用职权、徇私舞弊，损害未成年人合法权益的，依法给予处分。
第六十条 违反本法规定，侵害未成年人的合法权益，其他法律、法规已规定行政处罚的，从其规定；造成人身财产损失或者其他损害的，依法承担民事责任；构成犯罪的，依法追究刑事责任。	第一百二十九条 违反本法规定，侵犯未成年人合法权益，造成人身、财产或者其他损害的，依法承担民事责任。**违反本法规定，构成违反治安管理行为的，依法给予治安管理处罚；**构成犯罪的，依法追究刑事责任。

第六十一条 国家机关及其工作人员不依法履行保护未成年人合法权益的责任，或者侵害未成年人合法权益，或者对提出申诉、控告、检举的人进行打击报复的，由其所在单位或者上级机关责令改正，对直接负责的主管人员和其他直接责任人员依法给予行政处分。	
第六十四条 制作或者向未成年人出售、出租或者以其他方式传播淫秽、暴力、凶杀、恐怖、赌博等图书、报刊、音像制品、电子出版物以及网络信息等的，由主管部门责令改正，依法给予行政处罚。	
第六十五条 生产、销售用于未成年人的食品、药品、玩具、用具和游乐设施不符合国家标准或者行业标准，或者没有在显著位置标明注意事项的，由主管部门责令改正，依法给予行政处罚。	
第六十六条 在中小学校园周边设置营业性歌舞娱乐场所、互联网上网服务营业场所等不适宜未成年人活动的场所的，由主管部门予以关闭，依法给予行政处罚。 营业性歌舞娱乐场所、互联网上网服务营业场所等不适宜未成年人活动的场所允许未成年人进入，或者没有在显著位置设置未成年人禁入标志的，由主管部门责令改正，依法给予行政处罚。	
第六十七条 向未成年人出售烟酒，或者没有在显著位置设置不向未成年人出售烟酒标志的，由主管部门责令改正，依法给予行政处罚。	
第六十八条 非法招用未满十六周岁的未成年人，或者招用已满十六周岁的未成年人从事过重、有毒、有害等危害未成年人身心健康的劳动或者危险作业的，由劳动保障部门责令改正，处以罚款；情节严重的，由工商行政管理部门吊销营业执照。	
第六十九条 侵犯未成年人隐私，构成违反治安管理行为的，由公安机关依法给予行政处罚。	

第七十条 未成年人救助机构、儿童福利机构及其工作人员不依法履行对未成年人的救助保护职责，或者虐待、歧视未成年人，或者在办理收留抚养工作中牟取利益的，由主管部门责令改正，依法给予行政处分。	
第七十一条 胁迫、诱骗、利用未成年人乞讨或者组织未成年人进行有害其身心健康的表演等活动的，由公安机关依法给予行政处罚。	
第七章　附　　则	**第九章　附　　则**
	第一百三十条 本法中下列用语的含义： （一）密切接触未成年人的单位，是指学校、幼儿园等教育机构；校外培训机构；未成年人救助保护机构、儿童福利机构等未成年人安置、救助机构；婴幼儿照护服务机构、早期教育服务机构；校外托管、临时看护机构；家政服务机构；为未成年人提供医疗服务的医疗机构；其他对未成年人负有教育、培训、监护、救助、看护、医疗等职责的企业事业单位、社会组织等。 （二）学校，是指普通中小学、特殊教育学校、中等职业学校、专门学校。 （三）学生欺凌，是指发生在学生之间，一方蓄意或者恶意通过肢体、语言及网络等手段实施欺压、侮辱，造成另一方人身伤害、财产损失或者精神损害的行为。
	第一百三十一条 对中国境内未满十八周岁的外国人、无国籍人，依照本法有关规定予以保护。
第七十二条 本法自 2007 年 6 月 1 日起施行。	**第一百三十二条** 本法自 2021 年 6 月 1 日起施行。

关于《中华人民共和国未成年人保护法（修订草案）》的说明

——2019 年 10 月 21 日在第十三届全国人民代表大会常务委员会第十四次会议上

全国人大社会建设委员会主任委员　　何毅亭

委员长、各位副委员长、秘书长、各位委员：

我受全国人大社会建设委员会委托，作关于《中华人民共和国未成年人保护法（修订草案）》的说明。

一、修改未成年人保护法的必要性

党中央历来高度重视未成年人保护工作。习近平总书记深刻指出："少年儿童是祖国的未来，是中华民族的希望。""全社会都要了解少年儿童、尊重少年儿童、关心少年儿童、服务少年儿童，为少年儿童提供良好社会环境。"党的十八大以来，以习近平同志为核心的党中央对未成年人保护工作多次作出重要指示批示和决策部署，对完善未成年人保护相关法律制度、改进未成年人保护工作，提出明确要求。许多人大代表和政协委员、党政有关部门、司法机关以及社会各界人士也强烈呼吁修改未成年人保护法，以更好适应未成年人保护工作的现实需要。2018 年以来，全国人大代表提出修改完善未成年人保护相关法律的议案 16 件，建议 11 件，政协委员提出相关政协提案 5 件。

2018 年，十三届全国人大常委会立法规划明确由全国人大社会建设委员会牵头修改未成年人保护法。同年 9 月，全国人大社会建设委员会牵头成立了未成年人保护法修改工作领导小组，成员单位包括中央宣传部、中央网信办、全国人大常委会法工委、教育部、公安部、民政部、司法部、文化旅游部、最高人民法院、最高人民检察院、共青团中央。在修法过程中，社会建设委员会进行了广泛深入的调查研究，多次与党中央和国务院的有关部门、最高人民法院、最高人民检察院、共青团中央、全国妇联等有关方面沟通协商、交换意见；书面征求了全国 31 个省、自治区、直辖市人大的意见；广泛听取各级人大代表，有关党政部门、司法机关、群团组织，部分专家学者、一线未成年人保护工作者、律师、学校教师、未成年人及其家长、互联网企业的意见和建议。在反复研究论证的基础上，形成了《中华人民共和国未成年人保护法（修订草案）》（以下简称修订草案）。

二、未成年人保护法修改的指导思想和总体思路

未成年人保护法修改的指导思想是：以习近平新时代中国特色社会主义思想为指导，深入贯彻习近平总书记关于未成年人保护的重要论述，以宪法为根据，坚持从国情实际出发，强化问题导向，着力完善相关制度，为更好保护未成年人健康成长提供坚强的法制保障。

未成年人保护法修改的总体思路是：

（一）在现行法律基本框架的基础上进行修改完善

未成年人保护法是 1991 年制定的，2006 年进行了较大幅度的修订。总体看，该法确立的原则和制度仍然是适用的，因此，修订草案在保留基本框架和主要内容的前提下，根据党中央的精神和现实需要补充新的内容，对已不符合新情况的规定作出修改。

（二）着力解决现实存在的突出问题

当前，未成年人保护工作面临的问题复杂多样，其中比较突出的问题主要有：（1）监护人监护不力情况严重甚至存在监护侵害现象；（2）校园安全和学生欺凌问题频发；（3）密切接触未成年人行业的从业人员性侵害、虐待、暴力伤害未成年人问题时有发生；（4）未成年人沉迷网络特别是网络游戏问题触目惊心；（5）对刑事案件中未成年被害人缺乏应有保护等。这些问题引起全社会普遍关注。修订草案对这些问题均作出积极回应，着力制定和完善相关制度和措施，以推动未成年人保护法治化走向更高水平。

（三）及时把成熟的实践做法上升为法律

近三十年来，围绕实施未成年人保护法，党中央和国务院及其有关部门、最高人民法院、最高人民检察院针对未成年人保护工作中存在的突出问题，陆续出台了一系列文件或部门规章；各地也出台了许多配套的地方性法规，推动了未成年人保护工作的顺利开展，积累了许多成功经验。修订草案在认真研究论证的基础上，将部分被实践证明符合我国国情且行之有效的实践做法写入法律。

（四）注重做好相关法律的衔接配合

未成年人保护涉及面很广，我国民事、刑事、行政、社会等很多领域的法律都有涉及未成年人保护的内容。修订草案在坚持未成年人保护法作为未成年人保护领域综合性法律定位的同时，注意处理好本法与相关法律的关系：凡是其他法律有明确规定的，本法只作原则性、衔接性的规定；其他法律没有规定或者规定不够完善的，尽可能在本法中作出明确具体的规定。十三届全国人大常委会立法规划明确预防未成年人犯罪法修改与未成年人保护法修改一并考虑，所以，修订草案特别注意妥善处理好这两部涉未成年人法律之间的关系，使之既相互衔接又各有侧重。

三、未成年人保护法修改的主要内容

修订草案对现行法律的章目编排及条文顺序进行了调整，坚持增改删并举。新增"网络保护""政府保护"两章，条文从 72 条增加到 130 条。修改的主要内容是：

（一）充实总则规定

未成年人保护法作为未成年人保护领域的综合性法律，对未成年人享有的权利、未成年人保护的基本原则和未成年人保护的责任主体等作出明确规定。修订草案新增最有利于未成年人原则；强化了父母或者其他监护人的第一责任；确立国家亲权责任，明确在未成年人的监护人不能履行监护职责时，由国家承担监护职责；增设了发现未成年人权益受侵害后的强制报告制度。

（二）加强家庭保护

父母或者其他监护人是保护未成年人的第一责任人，家庭是未成年人最先开始生活和学习的场所。修订草案细化了家庭监护职责，具体列举监护应当做的行为、禁止性行为和抚养注意事项；突出家庭教育；增加监护人的报告义务；针对农村留守儿童等群体的监护缺失问题，完善了委托照护制度。

（三）完善学校保护

学校是未成年人成长过程中至关重要的场所。修订草案从教书育人和安全保障两个角度规定学校、幼儿园的保护义务。"教书育人"方面主要是完善了学校、幼儿园的教育、保育职责；"安全保障"方面主要规定了校园安全的保障机制以及突发事件的处置措施，增加了学生欺凌及校园性侵的防控与处置措施。

（四）充实社会保护

社会环境是未成年人成长的大背景大环境，影响着未成年人的健康成长。修订草案增加了城乡基层群众性自治组织的保护责任；拓展了未成年人的福利范围；对净化社会环境提出更高要求；强调了公共场所的安全保障义务；为避免未成年人遭受性侵害、虐待、暴力伤害等侵害，创设了密切接触未成年人行业的从业查询及禁止制度。

（五）新增网络保护

随着信息技术的快速发展，网络空间作为家庭、学校、社会等现实世界的延展，已经成为未成年人成长的新环境。修订草案适应客观形势的需要，增设"网络保护"专章，对网络保护的理念、网络环境管理、相关企业责任、网络信息管理、个人网络信息保护、网络沉迷防治等作出全面规范，力图实现对未成年人的线上线下全方位保护。

（六）强化政府保护

政府在未成年人保护工作中承担着主体责任。修订草案将现行未成年人保护法中的相关内容加以整合，增设"政府保护"专章，明确各级政府应当建立未成年人保护工作协调机制，细化政府及其有关部门的职责，并对国家监护制度作出详细规定。

（七）完善司法保护

未成年人司法保护主要涉及四个方面：一是司法活动中对未成年人保护的共性要求；二是特定类型民事案件中对未成年人的保护；三是刑事案件中对未成年被害人的保护；四是对违法犯罪未成年人的保护。修订草案细化了现行未成年人保护法司法保护专章和刑事诉讼法未成年人刑事案件诉讼程序专章的有关内容，进一步强调司法机关专门化问题，同时补充完善相关规定，以实现司法环节的未成年人保护全覆盖。主要包括：设立检察机关代为行使诉讼权利制度，细化规定中止和撤销监护人资格制度，规定刑事案件中对未成年被害人的保护措施等。

此外，修订草案还细化了法律责任以增加法律刚性，并对本法提及的特定名词进行解释。

《中华人民共和国未成年人保护法（修订草案）》和以上说明是否妥当，请审议。

后 记

近年来，上海市长宁区虹桥街道办事处基层立法联系点和上海市长宁区人民法院基层立法联系点在法律草案意见征询、法治宣传方面紧密合作，取得了良好的效果。在《未成年人保护法》修订期间，虹桥街道受委托组织征求基层意见建议，长宁区人民法院参加了相关活动，虹桥街道报送的部分意见、建议在法律修改中得到不同程度体现。能够参与到我国民主立法、科学立法、依法立法的生动实践中，我们感到非常荣幸。为进一步宣传《未成年人保护法》，我们联合编写了本书。

本书由米振荣（长宁区人民法院院长）担任主编，王飞（长宁区人民法院副院长）、朱铁军（长宁区人民法院副院长）、胡煜昂（虹桥街道党工委书记）担任副主编。长宁区人大法制委（监司委）滕道荣，上海政法学院祁正陆，虹桥街道办事处崔莉霞、杨勇根、吴孝卿、龚莉、游元超、周领、潘虹丽，长宁区人民法院孙海峰、顾薛磊、吴双、李嘉怡、刘曦桦、陈晨、沈丹艳、许海峰、李浩浩、张的日、卢思洁、赵丹、房倩、万达、徐莉、赵杨杨、刘萍、陈立、李艳旻、颜世杰、许思思、温欣、王夏迎、周嘉禾、李旭颖、周晓宇等相关庭室的同志，参与了本书的编写等工作。

由于时间仓促，水平有限，本书难免有不足及疏漏之处，敬请读者批评指正。

编 者

2020 年 10 月